**Reiseführer**

W0090050

Leipzig

von Jens van Rooij, Gabriel Calvo
Lopez-Guerrero und Sabine Tzschaschel

 ADAC Top Tipps

Das müssen Sie gesehen haben!-
Die zehn Top Tipps bringen Sie
zu den absoluten Highlights.

 ADAC Empfehlungen

Unterwegs gut beraten: Diese
25 ausgesuchten Empfehlungen
machen Ihren Urlaub perfekt.

Preise für ein DZ mit Frühstück:
€ | bis 80 €
€€ | bis 150 €
€€€ | ab 150 €

Preise für ein Hauptgericht:
€ | bis 10 €
€€ | bis 16 €
€€€ | ab 16 €

■ Intro

■ ADAC Quickfinder

*Hier finden Sie die Orte, Sehens-
würdigkeiten und Attraktionen,
die perfekt zu Ihnen passen.*

■ Unterwegs

◼ **Service**

Alle wichtigen reisepraktischen Informationen – von der Anreise über Notrufnummern bis hin zu den Zollbestimmungen.

Umschlag:

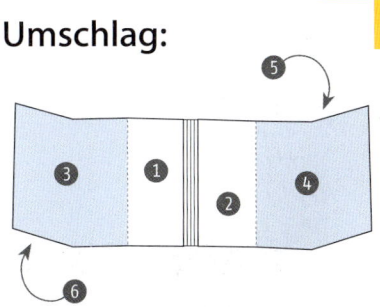

 ADAC Top Tipps: Vordere Umschlagklappe, innen ❶

 ADAC Empfehlungen: Hintere Umschlagklappe, innen ❷

Übersichtskarte Zentrum: Vordere Umschlagklappe, innen ❸

Übersichtskarte Stadtgebiet: Hintere Umschlagklappe, innen ❹

Verkehrslinienplan Leipzig: Hintere Umschlagklappe, außen ❺

Ein Tag in Leipzig: Vordere Umschlagklappe, außen ❻

Zwischen Bach, Boom und Badespaß

Leipzig ist anders – und vieles gleichzeitig. Es bietet Geschichte und Geschichten, Kultur, Natur – und ist die schönste kleine Großstadt

Der Augustusplatz, das modern-mondäne, verkehrsumtoste Tor zur Altstadt

Messestadt, Universitätsstadt, Musik-, Bach- und Buchstadt, »Hypezig«: Leipzig trägt viele Beinamen. Doch die sind nicht nur leere Worthülsen, sondern beschreiben schlicht den Facettenreichtum der sächsischen Metropole, der für Einheimische selbstverständlich ist, Touristen aus aller Welt aber häufig überrascht. Was die Stadt so lebens- und erlebenswert macht? Die Mischung aus Tradition und Avantgarde, Hoch- und Popkultur, gemütlicher Klein- und rauer Großstadt aus Glanz und Verfall mit vielen grauen, aber noch mehr grünen Ecken, aus kaufmännischer Disziplin und alternativer Lebensfreude, die noch jenseits von Reichtum und Kommerz nach dem Glück sucht – und es oftmals findet. Wie lange noch? Auch das macht Leipzig so spannend: Die Stadt ist längst nicht fertig. Zwar haben Gentrifizierung und Luxussanierungen hier einiges verändert, brachliegende Bauplätze, Industrieruinen und leerstehende Gründerzeithäuser prägen jedoch bis heute das Bild vieler Quartiere. In manchen Vierteln, etwa im Osten, ist jüngst eine neue, kreative Aufbruchsstimmung entflammt und die Stadt ver-

den Leipzigern quasi in die Wiege gelegt worden sein: Dank der günstigen Lage an der Kreuzung der wichtigen mitteleuropäischen Handelswege Via Regia und Via Imperii wuchs der Ort zur Marktstadt heran, in der mit Waren aus aller Welt gehandelt wurde und die Bürger einem geordneten Alltag nachgingen. Ende des 15. Jh. beflügelte das kaiserliche Messeprivileg die Wirtschaft noch mehr. Das geistige Leben der folgenden Jahrhunderte war aufgeschlossen, da es vom Protestantismus und der Universität geprägt war und viele Gäste aus der Fremde frische Ideen in die Stadt trugen.

Marktwirtschaft und urbane Landwirtschaft: die Messe (unten) und Selbstversorger in Plagwitz (ganz unten)

fügt – zumindest theoretisch – über genügend Freiräume zur Gestaltung einer bürgerfreundlichen und gleichzeitig weltoffenen Zukunft.

Marktplatz der Waren und Ideen

Leipzigs Geschichte beginnt im frühen Mittelalter. Im 11. Jh. erwähnt eine Urkunde erstmals die von einer trutzigen Burg bewachte sorbische Siedlung »Libzi«. Ein kaufmännischer Geist muss

![Kinder springen über Steine im See]

Nur ein Katzensprung: vom Naturzauber des Markkleeberger Sees (oben) zu kulturellen Highlights wie Oper (Mitte) und Bachfest (unten)

entdeckte und sie nach Kräften förderte. Johann Sebastian Bach und Philipp Telemann gehörten zu den Größen der Musikgeschichte, die in der zunehmend wohlhabenden Messestadt lebten und arbeiteten, später waren es Felix Mendelssohn-Bartholdy und Robert Schumann, Albert Lortzing und Gustav Mahler. Der berühmte Thomanerchor, das Gewandhausorchester und andere Ensembles bringen noch heute ihre Kompositionen zu Gehör. Zudem bereichern Oper, Theater sowie Museen und Festivals das kulturelle Leben der Stadt, das von neuen Talenten einer regelmäßigen Frischzellenkur unterzogen wird. Nicht zuletzt ist die alte Verlagsstadt dank der jährlichen Leipziger Buchmesse Anziehungspunkt für die Literaturszene und alle, die gern lesen und diskutieren.

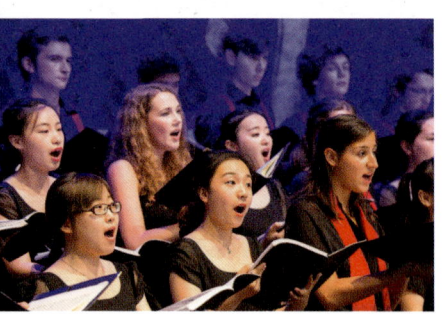

Alte Meister, neue Kreativität
Der Welt zugewandt war auch das Leipziger Handelsbürgertum, das schon früh die Schönen Künste für sich

Gesprengte Fesseln der Diktatur

Dass es im Leipzig des 21. Jh. so viel Raum für Kreativität gibt, haben die Bürger nicht zuletzt ihrem Mut zu verdanken. Keimzelle und Symbol der Friedlichen Revolution in der DDR war die Nikolaikirche. Im Herbst 1989 erwuchsen aus den allwöchentlichen Friedensgebeten erst kleine, bald große Demonstrationen. Schließlich waren es Hunderttausende, die zum Protestzug über den City-Ring aufbrachen und sich zur Schlusskundgebung am Augustusplatz versammelten – für Fortschritt, Freiheit und letztlich für den Mauerfall und die deutsche Wiedervereinigung. Neben der Völkerschlacht von 1813 war der Sturz des SED-Regimes, der am 9. Oktober 1989 in Leipzig eingeläutet und genau einen Monat später besiegelt wurde, eines der wichtigsten Ereignisse der Stadtgeschichte. Sowohl an die dunklen Seiten der DDR als auch an die Initiative derer, die damals aufbegehrten, erinnern das Museum in der Runden Ecke, das Zeitgeschichtliche Forum und viele weitere Denkmale der Stadt.

Neues Leben in alten Hallen

Die prächtigen Handelshäuser und Passagen im Zentrum Leipzigs wiederum rufen Leipzigs goldene Vergangenheit als Waren- und Mustermessestadt ins Gedächtnis und laden zum Einkaufsbummel ein. Rundherum zeugen alte Schornsteine und Fabrikhallen in den Außenbezirken von der einstigen Bedeutung der Stadt als Industriestandort. Im Westen, zwischen Plagwitz und Lindenau, stampfte der Unternehmer Karl Heine Mitte des 19. Jh. einen riesigen, damals hochmodernen Industriepark aus dem Boden, in dem sich Textilfabriken und viele andere Branchen ansiedelten. Nach

Die Nikolaikirche: farbenfroher Palast und gleichzeitig ehrwürdiges Gotteshaus

der Wende drohte den Anlagen der Verfall, doch dann folgte neues, blühendes Leben: Die ehemaligen Bunt-

> **» Ich komme nach Leipzig, an den Ort, wo man die ganze Welt im Kleinen sehen kann. «**
>
> Gotthold Ephraim Lessing
> (1729–1781)

garnwerke wurden zu mondänen Lofts, die Alte Baumwollspinnerei wurde zu Ateliers umgebaut. Jungunternehmer mit Laptops verwandelten Lagerhallen in Gründerzentren, nebenan erfüllten sich Theatermacher und Musiker ihren Traum von kreativen Off-Bühnen. Heute säumen Szenekneipen, Cafés und Restaurants die Ufer des Karl-Heine-Kanals sowie die angrenzenden Straßen, in denen man je nach Gusto internationale Leckerbissen, veganen Streuselkuchen oder Hausmannskost genießt. Die Motoren der Leipziger Wirtschaft brummen heute fernab von Plagwitz: Porsche, BMW, Amazon, DHL und Siemens haben sich in Stadtteilen weiter westlich, östlich und nördlich niedergelassen. Gemeinsam beschäftigen sie viele Tausend Mitarbeiter und tragen zur positiven Wirtschaftsentwicklung der Stadt bei, die sich vom einstigen »Armenhaus Sachsens« zur mitteldeutschen »Boomtown« gewandelt hat.

Leichtigkeit des Seins im Grünen

Wer Leipzig besucht und es mit offener Neugierde erkundet, wird die vielen Kontraste genießen – vor allem

Die Leipziger nutzen ihre Parks als grüne Wohn-, Studier- und Musikzimmer

auch die unzähligen Freizeitmöglichkeiten im Grünen, die die Stadt neben ihren urbanen und kulturellen Reizen bietet. Während nachmittags in Auerbachs Keller vornehme Kellner Kaffee und Mephisto-Torte servieren, ploppen in den Freisitzen der Südvorstadt schon die Kronkorken von den Bierflaschen und Musiker treffen sich auf den Open-Air-Bühnen der Parks und Kulturzentren zum ersten Soundcheck. Und wenn sich an heißen Sommertagen Busse und Straßenbahnen flirrend in der Glasfassade des Paulinums am Augustusplatz widerspiegeln, reflektiert das Wasser der Pleiße die vergnügten Gesichter der Hobbykapitäne, die auf ihren Booten durch den Auwald zu den Sandstränden des Leipziger Neuseenlands schippern und dort eine Pause einlegen.

Einwohnerzahl 580 000

Fläche Rund 297 km², das entspricht einem Drittel der Fläche Berlins.

Gesamtlänge Flüsse/Kanäle im Stadtgebiet 176 km

Tourismus Knapp 1,6 Mio. Besucher/Jahr, davon 13,5 Prozent aus dem Ausland. Durchschnittlicher Aufenthalt/Gast: 2 Tage

Religionszugehörigkeit konfessionslos: ca. 84 Prozent, evangelisch: ca. 12 Prozent, katholisch: ca. 4 Prozent

Universität Leipzig
An der Uni Leipzig studieren über 30 000 junge Erwachsene. Mit rund 4000 eingeschriebenen Studenten sind die Sprach- und Literaturwissenschaften mit Abstand am beliebtesten.

Darauf sind die Leipziger besonders stolz Leipzig hat den höchsten Rathausturm der Bundesrepublik (150 m) und zählt zudem zu den am schnellsten wachsenden Großstädten Deutschlands!

Berühmte Leipziger Johann Sebastian Bach (1685–1750), Neo Rauch (*1960) und natürlich die Löffelfamilie, die seit 1973 an der Karl-Liebknecht-Straße in der Werbebranche arbeitet.

Das will ich erleben

R ein ins Museum, oder lieber raus ins Grüne? Oper oder Straßenfest? Wer Leipzig besucht, hat die Qual der Wahl. Die Stadt ist einfach so facettenreich, dass man schon mal den Überblick verlieren kann. Das Gute daran: Wer sich etwas Zeit nimmt, findet immer das passende Angebot für seinen Geschmack. Neben zahlreichen Museen locken viele Kunst- und Kulturevents, unzählige Parks und herrliche Aussichtspunkte, aber auch gemütliche Kaffeehäuser, Perlen moderner und historischer Architektur und so manche reizvolle Attraktion, die man nur abseits der breiten touristischen Pfade entdeckt.

Die besten Museen

Geschichte, Musik, Malerei und Völkerkunde: Leipzig bietet zu etlichen Sujets hochkarätige Ausstellungen, in denen selbst trockene Themen überraschend anschaulich und modern vermittelt werden. Da staunen selbst Museumsmuffel!

Fantastische Weitblicke

Sind Sie auch wirklich schwindelfrei? Hoffentlich, denn einige der schönsten Perspektiven auf die Messestadt und umliegende Landschaften eröffnen sich in luftigen Höhen! Besonders an klaren, wolkenlosen Tagen lohnt sich der manchmal strapaziöse Aufstieg.

Gemütliche Kaffeehäuser

»Klein Paris«, wie einst Goethe schrieb – oder doch »Klein Wien«? In seinen traditionellen Kaffeehäusern vereint Leipzig das Beste aus beiden Welten und hat noch seine ganz eigene Spezialität: die Leipziger Lerche!

15

Für Liebhaber klassischer Musik

Leipzig ist eine Pilgerstätte für Musik- und Klassikfreunde. Den Spuren großer Komponisten und den Klängen ihrer Musik begegnet man in der ganzen Stadt.

16

Spuren der DDR-Geschichte

Zeugnisse deutsch-deutscher Geschichte finden sich in Leipzig überall. Sie erinnern an dunkle und heitere Seiten der DDR – und an eine Revolution, die in Leipzig ihren Anfang nahm.

13

Grüne Oasen

Leipzig ist eine der grünsten Metropolen Deutschlands und besitzt mit dem Auwald sogar ein artenreiches Biotop inmitten der Stadt. Große und gepflegte Parks laden zum Joggen, Picknicken und Spazierengehen ein, das Neuseenland zum Paddeln und Planschen.

Eindrucksvolle Architektur

Vor allem der Kontrast zwischen historischer, sozialistischer und modernster Architektur machen das Stadtbild reizvoll. Nicht verpassen sollte man das Völkerschlachtdenkmal, das wohl jedem Besucher Gänsehaut beschert.

Alles, was Kinder spannend finden

Können die Kleinen mit? »Ja!«, lautet die klare Empfehlung für alle, die in Leipzig Familienurlaub machen wollen. Die Stadt zieht selbst jüngste Touristen mit aufregenden, kurzweiligen Attraktionen in ihren Bann.

Die schönsten Passagen

Leipzigs Passagen und Durchhöfe sind eine faszinierende Parallelwelt und ein echtes städtebauliches Markenzeichen. Mal menschenleer, mal quirlig und auch exklusiv mit edlem Design präsentieren sie sich als Orte der Stille oder als Einkaufsmeilen.

Das bunte, alternative Leipzig

Bis heute sind die Karl-Liebknecht-Straße und Connewitz im Süden sowie Plagwitz im Westen Schmelztiegel alternativer Ideen und Lebensentwürfe mit viel »Berliner Flair«. Inmitten der Altstadt bietet die Moritzbastei hochdosierte studentische Kreativität.

Verborgene Attraktionen

Manche Sehenswürdigkeiten liegen wirklich ab vom Schuss. Wer kleine Umwege in Kauf nimmt, erlebt ganz besondere, ungewöhnliche Seiten der Stadt.

Unterwegs

*Stolze Messepaläste und Kaffeehäuser, in denen früher Kolonial-
waren verkauft wurden: Im Zentrum sieht und spürt man an
jeder Ecke, wie bedeutend Leipzig einst als Handelsstadt war*

Speck's

Historisches Zentrum – das Herz der Messestadt

Innerhalb des City-Rings finden sich auf engstem Raum die historisch bedeutendsten und schönsten Sehenswürdigkeiten der Stadt

28.4.19

Leipzigs Altstadt strahlt. Das war nicht immer so. Wo jetzt gläserne Einkaufstempel neben aufpolierten Altbauten in den Himmel ragen, herrschte nach der Wende vergleichsweise graue Tristesse. Heute erlebt man ein aus dem Ei gepelltes, buntes und außergewöhnlich attraktives Zentrum, das dennoch auf Schritt und Tritt Geschichte und Geschichten offenbart.

ADAC Top Tipps:

ADAC Empfehlungen:

Das Alte Rathaus (1556) ist Blickfang beim Bummel über den Marktplatz

1 Markt

Seit Jahrhunderten Dreh- und Angelpunkt der Messestadt

■ Bus 89, S-Bahn S1–S5, S11 Leipzig Markt

Der Marktplatz ist das vitale Zentrum Leipzigs. Er ist Teil der ausgedehnten Fußgängerzone und liegt nur wenige Hundert Meter vom Bahnhof entfernt. Handel und Wandel prägen Leipzigs Marktplatz seit dem Mittelalter, denn nicht weit von hier kreuzten sich die beiden wichtigsten Handelswege Europas: Die Via Regia verband Paris mit Kiew, die Via Imperii Skandinavien mit dem Mittelmeer. Reisende Kaufleute machten in Leipzig Station, boten ihre Waren feil und deckten sich mit neuen Produkten ein. Viele geschäftstüchtige Leipziger spezialisierten sich auf den Zwischenhandel, verdienten ein klei-

nes oder großes Vermögen und konnten sich so repräsentative Handelshäuser mit Innenhöfen zum Verladen der Waren leisten. Im 19. Jh. wurden die mittelalterlichen Bauten am Markt dann durch große Messehäuser ersetzt, in denen man edles Porzellan, Eisenwaren oder Lederprodukte präsentierte. Erst als die Leipziger Messe Mitte der 1990er-Jahre in den Norden der Stadt zog, verloren sie ihre Funktion. Inzwischen haben zahlreiche Geschäfte und Büros die Bauten bezogen und an den Fassaden rund um das weitläufige Areal prangen vor allem die Logos internationaler Handels- und Modeketten.

◉ Sehenswert

Alte Waage

| Fassade |

Die Alte Waage (Nr. 4) begrenzt den Marktplatz an seiner Nordseite und bildet das Eckhaus zur Katharinenstraße. Einst wurden hier orientalische Gewürze, russische Felle und venezianischer Schmuck gewogen und verzollt. Das 1555 von Bürgermeister Hieronymus Lotter (1497–1580) beauftragte und von Baumeister Paul Speck realisierte Originalgebäude im Renaissancestil wurde im Zweiten Weltkrieg völlig zerstört. Beim heutigen Bau handelt es sich um eine Rekonstruktion aus den 1960er-Jahren, deren Südfassade mit Treppengiebel jedoch eng an das historische Original angelehnt ist.

Messe- und Königshaus

| Fassade |

An der Südseite des Marktes steht an der Ecke zur Petersstraße das Messehaus am Markt (Nr. 16). Die Konstruktion mit Stahlskelett entstand 1963 und war der erste Messehausneubau in Leipzig nach dem Zweiten Weltkrieg. Um die Jahrtausendwende wurde die Architektur mitsamt ihrer Rasterfassade modernisiert. Gleich nebenan (Nr. 17) erinnert der reich verzierte Erker des Königshauses an die Vergangenheit des Gebäudes als elitäre Herberge. Im 17. Jh. bezog August der Starke, Kurfürst von Sachsen, hier regelmäßig Quartier und während der Völkerschlacht 1813 (S. 103) residierte König Friedrich August I. im Königshaus – und traf dort am 19. Oktober nach gemeinsamer Niederlage zum letzten Mal auf Napoleon Bonaparte.

Parken

Die Parkgarage direkt unter der Marktgalerie bietet über 460 Stellplätze. Zugang über das Warenhaus in der Einkaufspassage. ◾ Einfahrt via Thomasgasse, Einfahrt 6–23 Uhr, 2 €/Std., 6 €/Tag

Restaurants

€€–€€€ | Weinstock Traditionshaus mit schöner Terrasse direkt am Marktplatz. Modern interpretierte regionale sowie mediterrane Gerichte. ◾ Markt 7, Tel. 03 41/14 06 06 06, www.restaurant-weinstock-leipzig.de, tgl. ab 11 Uhr

Einkaufen

Marktgalerie In der jüngsten der Leipziger Einkaufspassagen, die den Markt mit der Klostergasse verbindet, werden große und kleine Konsumwünsche wahr. Allein vier Etagen des Glasbaus beansprucht allerdings der Textiltempel Breuninger für sich. ◾ Markt 11–12, Mo–Sa 10–20 Uhr

Wochenmarkt Zweimal pro Woche verwandelt sich der Marktplatz in einen Bauern- und Wochenmarkt. Bei Großveranstaltungen weichen die Marktleute auf den Augustusplatz aus. ◾ Di, Fr 9–17 Uhr

ADAC *Mobil*

Leipzigs Innenstadt ist sehr kompakt und kann hervorragend **zu Fuß** erkundet werden. Vom Hauptbahnhof ins Zentrum sind es nur wenige Schritte. Rund um und auch innerhalb des City-Rings – der wichtigsten innerstädtischen Verkehrsader – gibt es mehrere, teilweise riesige **Parkhäuser**, und mit Bus, Tram und S-Bahn überbrückt man unkompliziert auch größere Distanzen. Besonders schnell und angenehm ist die Fortbewegung mit dem Drahtesel auf den breiten **Fahrradwegen** der Stadt. Auch viele Fußgängerzonen dürfen befahren werden.

2 Altes Rathaus

Prachtbau mit Goldenem Schnitt und beachtenswertem Stadtmuseum

■ Bus 89, S-Bahn S1–S5, S11 Leipzig Markt
■ Markt 1

Das 90 m lange Alte Rathaus (1556) markiert die östliche Grenze des Marktplatzes; bis 1905 befand sich hier der Sitz der Stadtverwaltung. Der Legende nach soll Bürgermeister Hieronymus Lotter das repräsentative Gebäude im Stil der sächsischen Renaissance selbst entworfen haben – vermutlich war sein Ratsmaurer und Obermeister Paul Speck auch für die Gestaltung maßgeblich mitverantwortlich. Blickfang des langgestreckten Baus mit sechs Zwerchgiebeln ist der asymmetrische Uhrturm über dem Haupteingang. Er wurde nicht in

Leipzig en miniature: interaktives Modell im Stadtgeschichtlichen Museum

die Mitte, sondern versetzt in die Architektur integriert. Das Teilungsverhältnis entspricht exakt dem Goldenen Schnitt – ein damals noch nicht unter diesem Begriff bekanntes und für die Zeit ungewöhnliches Gestaltungsprinzip, das wohl eher aus pragmatischen denn aus ästhetischen Gründen umgesetzt wurde.

 Sehenswert

Stadtgeschichtliches Museum
| Museum |

① *Hier erfährt man alles, was Leipzig und seine Bürger ausmacht*

Zu Beginn des 20. Jh. war das Alte Rathaus für die rapide wachsende Stadt zu klein geworden. Es wurde ein Neues Rathaus (S. 34) gebaut und sein Vorgänger zum 1909 eröffneten Stadtmuseum umfunktioniert. Eine schmale Steintreppe führt vom Tordurchgang direkt in den Festsaal im ersten Stock. Früher diente er als Sitzungsort der Leipziger Patrizier, heute ist der riesige Raum mit seiner prächtigen Kassettendecke Ausgangspunkt einer Reise durch die bewegte Geschichte Leipzigs – von der Stadtwerdung bis zur Völkerschlacht 1813. Der Rundgang ist chronologisch wie inhaltlich gegliedert: Neben Stadtentwicklung, Politik, Wirtschaft, Kunst, Religion und Militärgeschichte wird auch der Alltag der Leipziger Bürger im Wandel der Zeit beleuchtet. Sehr sehenswert ist das erst kürzlich restaurierte, 25 m² große Modell des Tischlers Johann Christoph Merzdorf (1822), das akribisch Häuser, Gassen und Kirchen der Messestadt nachbildet. Über Knöpfe können Besucher die wichtigsten Orte anwählen, die dann mithilfe von Spotstrahlern sichtbar werden.

»Moderne Zeiten«, der sehr moderne zweite Teil der Dauerausstellung im Obergeschoss, widmet sich der Stadtgeschichte von der Industrialisierung bis zur Gegenwart. Hier erlebt man hautnah die Bedeutung Leipzigs im Sport, im Buchwesen sowie als Musik- und Messestadt, erhält aber auch lebendige Einblicke in die Zeit des Kaiserreichs, der Weimarer Republik, der beiden Weltkriege und natürlich der friedlichen Revolution 1989. Besonders gelungen sind die vielen Multimediastationen, an denen man Zeitzeugenberichten lauschen kann, die von Schauspielern lebensecht in Szene gesetzt wurden.

■ Markt 1, Tel. 03 41/965 13 20, www.stadtgeschichtliches-museum-leipzig.de, Di–So/Fei 10–18 Uhr, 6 €, bis 18 Jahre frei

Die badenden Kinder
| Brunnen |

Leipzigs herrliche Brunnen müssen sich eigentlich nicht verstecken – zwei tun es doch: Der »Badende Knabe« und das »Badende Mädchen«. In zwei Nischen der Passage, die durchs Alte Rathaus zum Naschmarkt führt, fristen sie seit 1909 ein stilles Mauerblümchendasein. Die Bronzeplastik des nackten Jungen auf einer Muschel, der über seinem Haupt einen Schwamm ausdrückt, wurde von Carl Seffner (1861–1932) gestaltet, der auch für das

Fristet ein Nischendasein: der »Badende Knabe« in der Rathauspassage

Bachdenkmal vor der Thomaskirche verantwortlich zeichnet. Das Wasserspiel des Mädchens zierte ursprünglich eine Figur von Johannes Hartmann (1869–1952). Sie wurde jedoch 1992 gestohlen und 2000 durch eine Replik ersetzt.

 Einkaufen

Edler Tropfen Kaufen kann man in dem kleinen Laden in den Arkaden des Alten Rathauses nicht nur Hochprozentiges wie Allasch oder Brotschnaps, auch »Wilde Leipziger« stehen im Regal – uralte, von der hiesigen Universität wieder kultivierte Obstsorten, hier zu Marmelade verarbeitet.

■ Markt 1, www.edlertropfen.com, Mo–Fr 10–19, Sa 10–17 Uhr

ADAC *Spartipp*

Jeden ersten Mittwoch im Monat öffnet das **Stadtgeschichtliche Museum** gratis seine Pforten. Dazu gibt es um 17 Uhr auch eine kostenlose Führung. Für jeden Museumstag gilt: eine Stunde vor Schließung halber Eintrittspreis.

3 Katharinenstraße

Die historische Achse zum Brühl zieht heute Kunstliebhaber an

■ Bus 89 Reichsstraße, S-Bahn S1–S5 Leipzig Markt

Die Katharinenstraße – benannt nach der 1233 geweihten und 1546 wieder abgerissenen Katharinenkapelle – verbindet den Markt mit dem Brühl (S. 52) im Süden. Sie geht auf das 11. Jh. zurück und ist über mehrere Durchgänge mit den Nachbarstraßen verbunden. Einst war sie von prunkvollen Bürger- und zahlreichen Kaffeehäusern gesäumt. Früher verlief hier auch eine Straßenbahn. Bei Luftangriffen der Alliierten während des Zweiten Weltkriegs wurde jedoch ein Großteil der alten Bausubstanz zerstört. Neben der Tourist-Information lockt heute vor allem das Museum der bildenden Künste (S. 53) mit 600 Jahren Kunstgeschichte Besucher in die Straße.

Information

Leipzigs Tourist-Information hat ihr Quartier in der Katharinenstraße bezogen. Zahlreiche Broschüren zum Mitnehmen informieren über das große Kultur- und Freizeitangebot in und um Leipzig. Zudem können Besichtigungen und Touren gebucht werden. Auch für Kinder gibt's an der Theke diverses Material zum Mitnehmen: Besonders viel Spaß machen der Comic »Geschichten aus Leipzig« und das Malbuch »Mal mal Leipzig« – beide kostenpflichtig, aber nicht teuer.
■ Katharinenstr. 8, Tel. 0341/710 42 60, www.leipzig.de, Mo–Fr 9.30–18, Sa 9.30–17, So 9.30–17 Uhr

Cafés

Milchbar Pinguin Der Pinguin war schon zu DDR-Zeiten Kult und sein Neonschild ist sogar als Kulturdenkmal geschützt. Das Café bietet stattliche 30 Eissorten und 90 verschiedene Eisbecher, die man auf der begehrten Außenterrasse oder auch unterwegs genießen kann. ■ Katharinenstr. 4, www.milch-bar-pinguin.de, Mo–Sa 9–22, So, Fei 10–21 Uhr

 Kinder

In einem Neubau östlich der Katharinenstraße befinden sich Verwaltung und Depot des Stadtgeschichtlichen Museums. Kleine Stadtentdecker interessieren sich freilich mehr für das Kindermuseum, das hier ebenfalls untergebracht ist. »Kinder machen Messe« lautet das Dauerprogramm für Sechs- bis Zehnjährige, in dem spielerisch die Stadtgeschichte und die Bedeutung Leipzigs als Messestadt vermittelt werden. Ergänzend gibt es zusätzliche Angebote – auch in den Ferien – und für Erwachsene immer wieder interessante Sonderausstellungen. ■ Böttchergäßchen 3, Tel. 03 41/96 51 30, www.stadtgeschichtliches-museum-leipzig.de, Di–So, Fei 10–18 Uhr, 3 €, Kinder frei

4 Hainstraße

Entdeckungstour durch alte Höfe und verwinkelte Passagen

■ Tram 1, 3, 4, Goerdelerring, S-Bahn S1–S5, Leipzig Markt

Vom Markt verläuft in nordwestlicher Richtung die autofreie Hainstraße – mit Geschäften, Restaurants und Cafés. Von ihr gehen zahlreiche Passagen ab, die früher aus den Leipziger Durchhöfen entstanden sind (S. 25). Hausnummer 1 und 3 gehören zu Barthels und Webers Hof, gegenüber führt der Hof des Großen Joachimsthals quer

Rund um Katharinen- und Hainstraße locken Cafés und viele Geschäfte

Top-saniertes Relikt aus der Ära der Leipziger Warenmesse: Barthels Hof

bis zur Katharinenstraße und bei Hausnummer 17/19 zweigt die Jägerhof-Passage ab. Die Hainstraße ist eine der ältesten Verkehrsandern Leipzigs; im Mittelalter verlief hier die Handelsstraße Via Imperii, die sich am Brühl mit der Via Regia kreuzte.

 👁 **Sehenswert**

Barthels Hof

| Passage |

Mit der Blüte Leipzigs als Waren- und später Mustermessestadt entstanden Mitte des 18. Jh. rund um den Marktplatz stattliche Waren- und Ausstellungshäuser. Viele von ihnen wurden auf mittelalterlichen Grundmauern errichtet. Ein prototypischer Bau aus dieser Zeit ist Barthels Hof, der 1747–50 von George Werner im Auftrag des Leipziger Kaufmanns Gottlieb Barthel erschaffen und 1870/71 zum stilistisch einheitlich gestalteten Durchhof umgebaut wurde. Fortan konnten Fuhrwerke den Hof ohne mühsames Rangieren durchqueren. Im Erdgeschoss befanden sich Kaufkammern und Ställe, im Obergeschoss Wohnungen und prunkvolle Festsäle. Im stillen Innenhof, der nach der Wende komplett saniert wurde, finden sich heute einige Geschäfte und im Sommer kann man im Freisitz der Gaststätte eine Pause einlegen.

◾ Hainstr. 1, Markt 8 und Kleine Fleischergasse 2, www.barthelshof.de

Passage im Jägerhof

| Passage |

Allen, die Leipzigs »Parallelwelt« der Mustermessehäuser und Durchhöfe genauer erkunden wollen, sei auch ein Bummel durch die Jägerhof-Passage empfohlen. Mit einer Fläche von über 1000 m² und drei Innenhöfen zählt sie zu den größten ihrer Art in der Stadt. Eindrucksvoll ist vor allem der sehr hohe und helle erste Lichthof. Weiße,

ADAC *Wussten Sie schon?*

Nach der Wende investierte der **Baulöwe Jürgen Schneider** auch in Leipzig Unsummen an Geld. Unter anderem stieß er die Sanierung von Barthels Hof und der Mädler-Passage an, die er trickreich auf Pump finanzierte. Nach seiner **Milliardenpleite** und Verhaftung in Florida 1995 blieben die Stadt auf seiner Konkursmasse und ein Heer von Handwerkern auf unbezahlten Rechnungen sitzen.

funktionale Kacheln dominieren die 1911–14 entstandene Architektur. Schmuckelemente wurden nur dezent eingesetzt: So zieren Engelsfiguren die kaum wahrnehmbaren Pilaster an den Wänden. Hübsch, aber unauffällig auch der Brunnen an der hinteren Wand. Die scheinbar schwerelosen Glasdächer wurden erst in den 1990er-Jahren angebaut. Im Durchgang zur Großen Fleischergasse haben seit 1912 die Passage Kinos (S. 56) ihr Domizil.

■ Hainstr. 17–19, Große Fleischergasse 11/13

Adler-Apotheke

| Architektur |

Seit über 300 Jahren versorgt die Adler-Apotheke in der Hainstraße ihre Kunden mit Pillen, Salben, Cremes und Tinkturen. Das Besondere: In den Jahren 1841/42 unterstützte der deutsche Schriftsteller Theodor Fontane die Apothekerfamilie als noch sehr junger Gehilfe. Parallel veröffentlichte er seine ersten Gedichte in einer Leipziger Zeitschrift. Die ursprüngliche Apotheke wurde Anfang des 20. Jh. abgerissen und im Jugendstil neu errichtet. Ihr Geschäftsraum versprüht bis heute nostalgisches Flair.

■ Hainstr. 9, www.adler-leipzig.de

 Restaurants

€€–€€€ | **Barthels Hof** Geschichtsträchtiges Gasthaus mit sympathischer Terrasse im historischen Innenhof des berühmten Durchgangshauses. Serviert werden originale sächsische Fleischgerichte und Vegetarisches. Reservierung empfohlen. ■ Hainstr. 1, Tel. 03 41/14 13 10, www.barthels-hof.de, Mo–Sa 11.30–23, So, Fei 10–23 Uhr

Im Blickpunkt

Leipziger Labyrinthe

Die vielen, oft glamourös herausgeputzten Passagen sind ein architektonisches Markenzeichen der Stadt. Ihre Existenz verdanken sie Leipzigs Historie als Handels- und Messezentrum. Bereits im Mittelalter waren die Grundstücke im Stadtkern durch schmale Höfe und Durchfahrten miteinander verbunden. Der Handel fand in den Gewölben im Erdgeschoss statt, während die Dachböden als Lagerräume dienten. Um die Waren zu entladen, rangierte man die Fuhrwerke unter die Kranarme in den Höfen, die jedoch oft zu schmal waren, um darin zu wenden. Um das Problem zu lösen, entstanden die breiteren Leipziger Durchhöfe, in die man einfahren und auf einer gegenüberliegenden Straßenseite wieder ausfahren konnte. Dabei handelte es sich anfangs um heterogene Gebäudekomplexe, die nach und nach erweitert wurden. Barock einheitlich gestaltete Durchhöfe entstanden erst im 18. Jh. Von ihnen ist heute nur noch Barthels Hof (S. 24) erhalten. Als 1895 aus der Warenmesse eine Mustermesse wurde, brauchte man keine Dachspeicher mehr. Moderne Messehäuser prägten jetzt das Stadtbild und viele Durchhöfe wandelten sich zu prachtvollen Passagen, in denen Händler und Kunden ihre Geschäfte abschließen konnten. Heute gibt es in Leipzig noch rund 25 Passagen und Durchhöfe.

5 Drallewatsch

Von Kneipe zu Kneipe durchs Vergnügungsviertel der Altstadt

■ Tram 9 Thomaskirche, S-Bahn S1–S5 Leipzig Markt
■ Zwischen Burgplatz, Barfußgäßchen und Hainstr.

Auf den »Drallewatsch« gehen? Fragt man junge Leipziger nach dieser ursächsischen Redewendung, die so viel bedeutet wie »was los machen« oder »feucht-fröhlich um die Häuser ziehen« zucken viele mit den Schultern. Im Alltag der Einheimischen wird der Begriff kaum verwendet. Erfunden haben ihn pfiffige Gastwirte und Touristiker Mitte der 1990er-Jahre – gemeinsam mit den Lesern der Leipziger Volkszeitung, die abstimmen durften. Damals war man auf der Suche nach einem zugkräftigen Namen für das Kneipenviertel in Leipzigs westlicher Altstadt, das sich grob zwischen Burgplatz und Hainstraße erstreckt. Das Rennen machte der »Drallewatsch«, der sich vor allem bei Fremdenführern und in der Reiseliteratur etabliert hat. Die höchste Kneipendichte dieser quirligen Vergnügungsmeile findet sich rund ums Barfußgäßchen. Hier gibt es nicht nur unzählige Bars und Cafés, sondern auch ein sehr vielseitiges Restaurant-Angebot mit traditioneller und internationaler Küche.

 Sehenswert

Barfußgäßchen

| Flaniermeile |

Sehen und gesehen werden – das ist im Sommer im engen Barfußgäßchen zwischen Markt und Klostergasse gar nicht so einfach. Denn hier reihen sich nicht nur die Kneipen dicht an dicht, auch die Sonnenschirme bilden einen regelrechten Dschungel aus gelbem und weißem Stoff, der den Freisitzen der Lokale Schatten spendet. Wer sich unter ihnen niederlässt, will nicht nur genießen, sondern Spaß haben. Vor allem abends wird es voll und die Stimmung ausgelassen. Etwas mehr Raum zum Bummeln hat man in der angrenzenden Klostergasse sowie in der Kleinen Fleischergasse, die sich am Lipsiabrunnen mit dem Barfußgäßchen zu einem hübschen Platz vereint und von dort in nordwestliche Richtung abzweigt.

Zum Arabischen Coffe Baum

| Kaffeehaus |

Wo sich Barfußgäßchen und Kleine Fleischergasse treffen, wird in einem dreistöckigen, barock umgestalteten Renaissancehaus seit über 300 Jahren Kaffee, Tee und Schokolade serviert. Das macht den Arabischen Coffe Baum zu einem der ältesten Kaffeehäuser Europas. Auch Napoleon Bonaparte, Gotthold Ephraim Lessing und Richard Wagner waren schon hier. Natürlich auch Johann Sebastian Bach – und Goethe sowieso. Das weiß-goldene Barockrelief über der Eingangstür zeigt einen fürstlich gekleideten Türken mit Turban, der einer Putte ein Tässchen Kaffee reicht – und dem Haus einst zu seinen Namen verhalf. Im Erdgeschoss befinden sich mehrere rustikale Gaststuben, im ersten Stock das Restaurant Lusatia und im zweiten Stock drei weitere Räume, die der arabischen, französischen und Wiener Kaffeetradition huldigen. Ein kleines Museum im Obergeschoss, das man über knarzende Holztreppen erreicht, beleuchtet mit interessanten, oft auch kuriosen Exponaten die Kulturgeschichte des Kaffees – von historischen Kaffeemühlen bis zum Meissener Porzellan. Ihre Vorliebe für den köstlichen braunen Wachmacher brachte den Sachsen übrigens schon im 18. Jh. den Spitznamen »Kaffeesachsen« ein.

■ Kleine Fleischergasse 4, www.coffebaum.de, tgl. 11–24 Uhr, Museum: tgl. 11–19 Uhr, Eintritt frei, Führung jeden 1. Di im Monat, 17 Uhr

 Restaurants

② **€€ | Zill's Tunnel** Ursächsisches Gasthaus mit rustikalen Gewölbestuben. Hier wird seit 1841 »Ä scheenes Schdügge Fleesch midd Schwarde« oder »Säggscher Sauerbradn midd Rodgraud un Glees'n« serviert. Keine Sorge, die Speisekarte liegt auch auf Hochdeutsch aus. ■ Barfußgäßchen 9, Tel. 03 41/960 20 78, www.zillstunnel. de, tgl. 11.30–24 Uhr

€€–€€€ | Café Madrid Leckere Tapas und iberische Fleisch- und Gemüsespezialitäten. Im ruhigen Innenhof gibt es einen kleinen, gemütlichen Garten. Reservierung empfohlen. ■ Klostergasse 3–5, Tel. 03 41/993 88 13, www.cafe-madrid.de, tgl. ab 11.30, Küche bis 24 Uhr

€€–€€€ | La Provence Hier wird gekocht wie an der Côte d'Azur. Auch das Ambiente des Lokals hat südfranzösischen Charme. Für den kleinen Hunger am Mittag gibt's das günstige »Menu Rapide«. ■ Kleine Fleischergasse 6, Tel. 03 41/960 33 06, www.la-provence-leipzig. de, Mo–Fr ab 11.30, Sa, So ab 10 Uhr

Der Drallewatsch: Rund um das Barfußgäßchen reiht sich Kneipe an Kneipe

6 Thomaskirchhof

Bachs Lebenswerk umweht Leipzigs Wahrzeichen

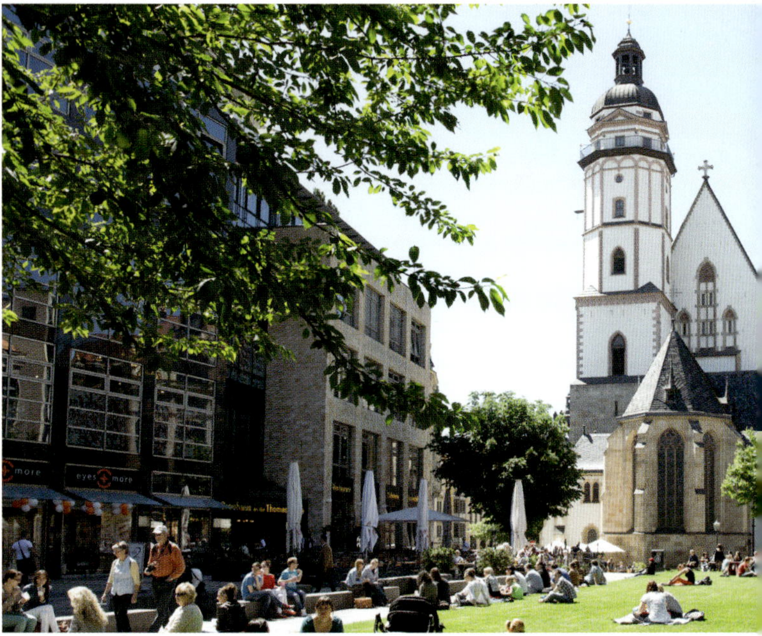

Der zentralste Picknickplatz der Stadt – die herrliche Thomaswiese

Information

■ Tram 9, Bus 89 Thomaskirche

Leipzig in der Nussschale: Wer die Stadt besucht und wenig Zeit hat, sollte hier zuerst vorbeischauen. Der Platz ist touristischer Hotspot – nicht nur, weil in seiner Mitte eines der bekanntesten Leipziger Wahrzeichen, die prächtige Thomaskirche, gen Himmel ragt. Er vereint auch auf engem Raum die liebenswertesten städtebaulichen und kulturellen Tugenden der sächsischen Metropole: Rundherum finden sich kleine Museen, gemütliche Cafés, Restaurants, Läden und geschichtsträchtige Kaufmannshäuser. Im Grünen unter Kirschbäumen strecken Touristen und Einheimische ihre müden Beine aus und im Sommer trägt der lauwarme Wind vom berühmten Bachdenkmal Klassik, Jazz und Pop in die angrenzenden Gassen.

Sehenswert

a Thomaskirche
| Kirche |
1 *Wirkungsstätte Johann Sebastian Bachs*

Wenn die jahrhundertealte »Gloriosa« sonor zur Messe ruft, blickt man in Leipzig fast schon automatisch zum

Plan
S. 31

und 1537 um einen Kirchturm erweitert wurde – und deren mächtiges Langhaus bis heute das architektonische Rückgrat der Thomaskirche formt. Zu Lebzeiten Bachs wurde der Bau mitsamt Turm dann barock aufgehübscht, was man Ende des 19. Jh. jedoch weitgehend wieder rückgängig machte. Gegenwärtig dominieren innen wie außen – hier vor allem am westlichen Mendelssohn-Portal – neogotische Elemente. Trotz ihrer Länge von 76 und einer Breite von 25 m beeindruckt die Thomaskirche insbesondere durch ihre Höhe und ihr riesiges Dach. Der 45 m hoher First weist eine Neigung von 63 Grad auf, was selbst abgebrühten Dachdeckern Furcht einflößen dürfte. Daneben wirkt der 68 m hohe Kirchturm fast schon unscheinbar. Ihn im Rahmen einer Führung zu erklimmen, lohnt sich trotzdem, denn von oben genießt man einen einzigartigen Ausblick. Einblicke in eine Welt protestantischer Strenge und eleganter Schlichtheit erhält man im Kircheninneren. Neben dem geometrischen Kreuzrippengewölbe, das sich in roter Farbe von der weißen Decke absetzt, lohnt sich vor allem die Besichtigung der Grabstätte Bachs, die durch eine bronze Schmuckplatte markiert ist. Seitlich vor dem Altar steht der 1614/15 aus Marmor und Alabaster geschaffene Renaissancetaufstein, an dem elf der 13 Kinder des Komponisten und seiner zweiten Ehefrau Anna Magdalena getauft wurden. Ein echter Blickfang sind die Ende des 19. Jh. im Chorraum und in die Südwand eingesetzten bunten Fensterscheiben. Sie zeigen

achteckigen Glockenturm, der sich über dem hohen Giebel der Thomaskirche erhebt. Dass sie zu den berühmtesten Attraktionen der Stadt zählt, verdankt sie vor allem Johann Sebastian Bach, der hier von 1723–50 als Kantor und Leiter des weltberühmten Thomanerchors arbeitete und zudem seine letzte Ruhestätte fand. Ältester Vorgängerbau war ein romanisches Gotteshaus, auf dessen Fundament ab 1212 die Klosterkirche St. Thomas des Augustiner-Chorherrenstifts errichtet wurde. Es folgten zahlreiche Umbauten: 1482 begannen die Arbeiten an der deutlich größeren spätgotischen Hallenkirche, die 1496 geweiht

Gefällt Ihnen das?

Sie mögen die Aussicht vom Turm der Thomaskirche? Auch die **Nikolaikirche** (S. 41) bietet jeden Samstag Turmexkursionen an. Hier ist vor allem der Blick Richtung Augustusplatz spannend.

die Gesichter Luthers oder des deutschen Kaisers Wilhelm I. – und natürlich den Altmeister des Hauses. Auf der Westempore kann man die raumgreifende Sauer-Orgel von 1889 mit ihren 88 Registern bestaunen. Die Woehl-Orgel auf der Nordempore wurde erst im Jahr 2000 errichtet und dabei penibel an die Raumakustik der Kirche sowie die Anforderungen der Bach'schen Orgelmusik angepasst.

■ Thomaskirchhof 18, www.thomas kirche.org, tgl. 9–18 Uhr, Turmführungen: April–Nov. Sa 13, 14, 16.30, So 14, 15 Uhr; Motetten: Fr 18, Sa 15 Uhr (zahlreiche Sonderkonzerte), 1 €, Turm: 3 €, bis 18 Jahre frei

b Neues Bachdenkmal

| Skulptur |

Das überlebensgroße Bronzedenkmal des berühmtesten Bürgers der Stadt befindet sich am Südeingang der Thomaskirche. Es wurde von Carl Seffner geschaffen, 1908 enthüllt und rückte an die Stelle einer Skulptur des Leipziger Mathematikers und Universalgelehrten Gottfried Wilhelm Leibniz, die daraufhin in der Universität ihre neue Heimat fand. Auf der Rückseite des Sockels ist ein Relief der alten Thomasschule zu sehen, in der Bach als Thomaskantor regelmäßig unterrichtete. Auch das alte Bachdenkmal existiert übrigens noch. Es wurde bereits

1843 eingeweiht und versteckt sich heute im Grünstreifen am Dittrichring, unweit des Westportals der Thomaskirche (S. 28).

c Bachmuseum

| Museum |

 Glanz- und klangvoller Anziehungspunkt für Musikliebhaber

Im Bachmuseum wird die Kunst Johann Sebastian Bachs zum Erlebnis für alle Sinne. Die Ausstellung befindet sich im historischen Bosehaus, einst Domizil des wohlhabenden Leipziger Schmuckherstellers Georg Bose, mit dem der Komponist eng befreundet war. Bose muss ein leidenschaftlicher Musikliebhaber gewesen sein, ließ er doch 1711 eigens einen Konzertsaal – den barocken Sommersaal – in sein Wohnhaus einbauen. Bis heute finden dort in regelmäßigen Abständen Konzerte statt. Das Museum selbst gibt sich hell und sehr modern. Nur die »Schatzkammer«, im Erdgeschoss gleich links, empfängt Besucher mit geheimnisvoll schummrigem Licht: Hier werden im Wechsel kostbare Originalpartituren und Bachhandschriften gezeigt. Im ersten Stock geht es um Bachs Arbeit mit dem Orchester, seine Freude an musikalischen Innovationen und sein turbulentes Familienleben – aus seinen zwei Ehen gingen insgesamt 20 Kinder hervor. Zu sehen sind auch historische Musikinstrumente. Ein eigener Raum ist dabei der Orgel und ihren Möglichkeiten gewidmet, denn dieses Instrument stand im Zentrum des Bach'schen Wirkens an der Thomaskirche. Entspannen kann man in den bequemen Sesseln des Hörkabinetts, wo aus Kopfhörern die Kompositionen des berühmten Leipziger Musikers tönen.

■ Thomaskirchhof 15–16, www.bach museumleipzig.de, Di–So, Fei 10–18 Uhr, 8 €, bis 16 Jahre frei

d Ehemalige Central-Apotheke
| Restaurant |

Das klassizistische Eckhaus zur Burgstraße war einst Sitz der Homöopathischen Central-Apotheke. Zu ihren Besitzern gehörte Dr. Willmar Schwabe (1839–1917), ein überzeugter Verfechter der Homöopathie, die übrigens von Samuel Hahnemann (1755–1843) in den 1810er-Jahren in Leipzig begründet wurde. Rund 1000 Exponate aus der Welt der Pharmazie – von der Reiseapotheke bis zum Pillendöschen – kann man sich im winzigen Sächsischen Apothekenmuseum im ersten Stock des Hauses ansehen. Echte Medikamente wurden im Erdgeschoss noch bis 1996 verkauft. Heute bewirtet hier das Restaurant »Ehemalige Central-Apotheke« seine Gäste. Die Einrichtung des Lokals erinnert jedoch unverkennbar an seine Geschichte.

■ Thomaskirchhof 12, www.apotheken museum.de, Di, Mi, Fr–So 11–17, Do 14–20 Uhr, 4 €, bis 6 Jahre frei

e Thomaswiese
| Park |

Ein Ort zum Entspannen im Zentrum der Altstadt: Auf der Thomaswiese ruhen sich im Sommer auch Einheimische gern vom Einkaufsbummel aus – entweder mitten auf dem Grünstreifen oder auf einer der schattigen Bänke rund herum. Besonders schön ist es hier im Frühling, wenn die vielen Kirschbäume vor der pittoresken Fassade der Thomaskirche ihr weißes Blütenkleid tragen. Kinder begeistern sich vor allem für den lang gezogenen Springbrunnen an der Südseite der Thomaswiese.

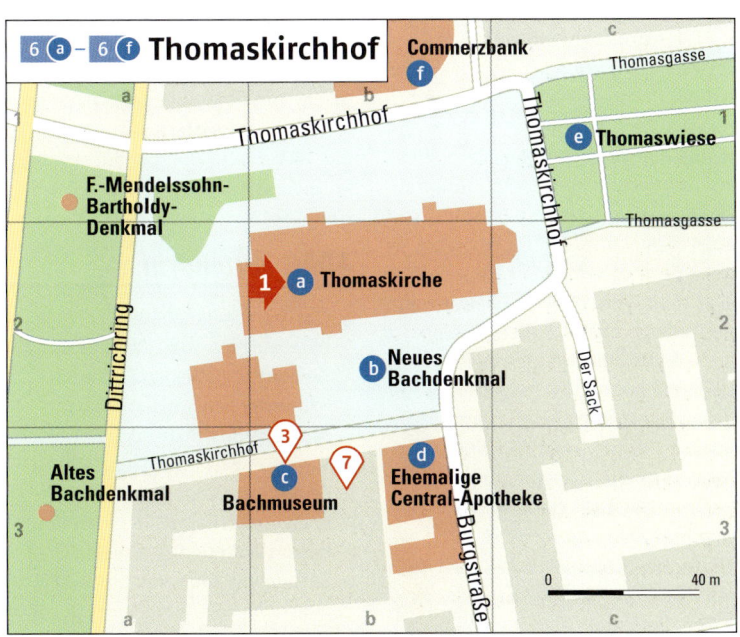

Goldkehlchen und musikalischer Exportschlager – der Thomanerknabenchor

Commerzbank
| Historisches Bauwerk |

An der Nordseite der Thomaskirche hat die Commerzbank eines ihrer nobelsten Domizile bezogen. Links und rechts flankieren opulent vergoldete, im Jugendstil gestaltete Jungfrau-Skulpturen den Haupteingang – und auch der Name der Bank prangt in goldenen Lettern an der Fassade. Das alles geht nicht auf den Größenwahn der Finanzbranche zurück, sondern ist der Denkmalpflege geschuldet: Das Gebäude gilt als das Paradebeispiel für die Architektur der Belle Époque in der Stadt. Es wurde Anfang des 20. Jh. erbaut und als Konsumtempel auch noch in der DDR genutzt. Vor ihrem Einzug Anfang der 1990er-Jahre sanierte die Commerzbank das Haus unter strengen Auflagen.

■ Thomaskirchhof 22

P Parken

Die Einfahrt zur Tiefgarage der Marktgalerie mit über 460 Stellplätzen liegt an der Nordseite des Thomaskirchhofs. ■ Via Dittrichring und Thomasgasse, Einfahrt 6–23 Uhr, 2 €/Std., 6 €/Tag, Plan S. 31 c1

ADAC *Mittendrin*

Der Thomanerknabenchor (1212) blickt auf eine über 800-jährige Geschichte zurück und seine 93 Mitglieder bereisen heute als musikalische Botschafter Johann Sebastian Bachs die ganze Welt. In Leipzig kann man sie am Wochenende in der Thomaskirche sowie bei Gastauftritten an anderen Orten erleben. *Konzerttermine und weitere Infos: www.thomanerchor.de*

Restaurants

€€ | **Johann S.** Behaglicher, familien-freundlicher Mix aus Restaurant und Kneipe. Auf der Karte finden sich neben Schnitzel, Burger & Co. auch saisonale Spezialitäten und Fisch. Beliebtes, preiswertes Mittagsmenü. ■ Thomaskirchhof 17, Tel. 0341/225 16 53, www.restaurant-johann-s-leipzig.de, tgl. 12–24 Uhr, Plan S. 31 a3

 Cafés

Kandler Hier kommen auch Teeliebhaber auf ihre Kosten: Über 80 Sorten stehen zur Auswahl. Dazu gibt es hausgemachte Leipziger Lerchen und herzhafte Snacks. Im Sommer kann man von der Terrasse einen traumhaften Blick direkt auf die Thomaskirche genießen. ■ Thomaskirchhof 11, www.cafekandler.de, Mo–Fr 10–20, Sa, So 9–20 Uhr, Plan S. 31 c2

Toni's Icecream Sympathische Bio-Eisdiele für alle, die auch beim Schlecken neben Frische und Geschmack Wert auf nachhaltige Lebensmittel und gute Qualität legen. ■ Thomaskirchhof 17, www.bioeisladen.de, Do–So 14–18 Uhr, an heißen Tagen erweiterte Zeiten, Plan S. 31 a3

 Einkaufen

Thomasshop Links neben dem Südportal verkauft der Thomasshop Konzert-Tickets und die Eintrittskarten für den Kirchenbesuch. Außerdem sind CDs und Souvenirs rund um die Themen Bach und Thomanerchor im Angebot. ■ Thomaskirchhof 18, Tel. 0341/22 22 42 00, www.thomaskirche.org/shop, Mo–Sa 10–18, So 11–18 Uhr, Plan S. 31 b2

ADAC *Wussten Sie schon?*

Vor allem Touristen lieben die »Leipziger Lerchen« aus Mürbeteig, Marzipan und Marmelade. Was man heute kaum noch glauben kann: Bis ins 19. Jh. landeten gleichnamige Singvögel aus Fleisch und Blut in Leipziger Kochtöpfen und Backöfen. Erst als ihr Fang 1876 verboten wurde, musste man sich etwas Neues einfallen lassen: Leipzigs Bäcker ersetzten die »Spezialität« kurzerhand durch süße Törtchen, die sie mit gleichem Namen tauften.

Ganos Kaffeerösterei Schlaraffenland für Kaffeefreunde: Ganos bietet eine riesige Auswahl verschiedener, im eigenen Haus veredelter Bohnen – und dazu kompetente Beratung. Wer sein Wissen über das »Braune Gold« vertiefen möchte, kann auch Seminare buchen (ab 15 €). ■ Dittrichring 6, www.ganos.de, Mo–Fr 10–20, Sa 10–18 Uhr, Plan S. 31 a3

 Konzert

Montagskonzerte Vor der Kulisse der Thomaskirche werden im Sommer immer montags unter freiem Himmel kostenlose Konzerte veranstaltet. Das Programm reicht von Klassik über Jazz bis zu Pop und Rock. Bei schönem Wetter herrscht auf dem Platz meist dichtes Gedränge. Wer es ruhiger mag: Auch an anderen Tagen präsentieren häufig Musikstudenten am Bachdenkmal ihr Können. ■ Thomaskirchhof 18, Programm: www.leipzig.de, Juli, Aug. ab 19 Uhr, frühere Ankunft empfohlen, Plan S. 31 b2

7 Neues Rathaus

 Bis heute eine Festung – das Machtzentrum der Stadt

■ Tram 2, 8, u. w. Neues Rathaus
■ Martin-Luther-Ring 4–6, www.leipzig details.de, Turm: Mo–Fr 11, 14 Uhr, 3 €, Kinder 1,50 €; große Rathausführung (1,5 Std.): So 11 Uhr, 10 €

Von Weitem sieht Leipzigs Neues Rathaus noch heute wehrhaft aus. Vor allem der 115 m hohe Turm erinnert an eine mittelalterliche Bastion. Bis Ende des 19. Jh. erhob sich hier am Platz die Pleißenburg, die einst tatsächlich Teil der Stadtbefestigung war. Ihre Geschichte reicht bis ins 13. Jh. zurück: Im Hochmittelalter verschanzte sich Markgraf Dietrich III. in der Burg, um die sich auflehnende Leipziger Bürgerschaft abzuwehren. 1519 wurde in der Hofstube der Festung die »Leipziger Disputation« zwischen Martin Luther und dem katholischen Theologen Johannes Eck ausgetragen. Das Streitgespräch gilt als wichtige Wegmarke der Reformation. Im Schmalkaldischen Krieg (1546–47) wurde die Pleißenburg dann fast komplett zerstört, wenige Jahre später aber von Hieronymus Lotter als Wasserburg neu aufgebaut. Als Leipzigs Bevölkerung Ende des 19. Jh. sprunghaft anwuchs, platzte nicht nur die Stadt, sondern auch das Alte Rathaus am Markt (S. 20) aus allen Nähten. So beschloss man, die Pleißenburg abzureißen und an ihrer Stelle ein neues Rathaus in mittelalterlicher Gestalt zu errichten. Der Entwurf stammte vom Leipziger Stadtbaudirektor Hugo Licht und wurde ab 1899 realisiert. Mit gut 10 000 m² Bürofläche und 600 Räumen genügt der Monu-

mentalbau bis heute den Anforderungen der kommunalen Verwaltung. Außen wie innen begeistert er durch seine kunstvolle, aus hochwertigen Materialien gefertigte Ausstattung in verschiedensten Stilen. Wollte man das Rathaus heute in gleicher Opulenz nachbauen, müsste man dafür eine zehnstellige Summe aufbringen. Absolutes Highlight des Rathausbesuchs ist die Turmbesteigung über 250 Stufen mit fantastischer Aussicht auf die Stadt, die nur im Rahmen einer Führung möglich ist.

✗✗ Restaurants

€€–€€€ | Ratskeller Das Lokal am Burgplatz im Kellergewölbe des Rathauses ist eine Institution – und braut seit Kurzem sogar sein eigenes Bier. Auf die Teller kommen gutbürgerliche Kost sowie Burger, Pasta und leichte Speisen. Jeden Sonntag Brunch-Büfett (11–15 Uhr). Zudem gibt es viele kulinarische Events. ■ Lotterstr. 1, Tel. 03 41/123 45 67, www.ratskeller-leipzig.de, Mo–Sa 12–23, So 11–15.30 Uhr

8 Promenadenring

Grüne Oasen am Altstadtrand zum Spazieren und Ausspannen

Gleich zwei Stadtmauern und ein Wassergraben, dazu mit Zugbrücken gesicherte Stadttore sowie mehrere Bastionen schützen Leipzig seit dem Mittelalter vor Eindringlingen und Feinden. Ab dem 18. Jh. wurde die gesamte Befestigung dann sukzessive abgerissen oder umgenutzt. Das hatte den Vorteil, dass sich jetzt auch der Altstadtkern wieder ausdehnen konnte. Auf den frei gewordenen Flächen

Im Blickpunkt

Stadt unter Beschuss

Neben Wachstum und Blüte mussten Leipzigs Bürger in vergangenen Jahrhunderten immer wieder auch Krieg und Elend ertragen. Ihr Wohlstand und die strategisch günstige Lage am Schnittpunkt bedeutender Handelswege machten die Stadt zum Objekt der Begierde für Feinde, die sie einnehmen und besetzen oder einfach nur plündern wollten. Zudem war die Region regelmäßig Brennpunkt territorialer wie religiöser Konflikte, die sich im Zuge der Reformation verschärften. Im Schmalkaldischen Krieg (1547) wurde Leipzig von Truppen des Schmalkaldischen Bunds unter Kurfürst Johann Friedrich I. belagert. Sie konnten die Befestigungsanlagen zwar nicht durchdringen, legten die Vororte aber dennoch in Schutt und Asche. Während des Dreißigjährigen Krieges (1618–48) wurde die Stadt zum Spielball der Mächte und im stetigen Wechsel von kaiserlichen und schwedischen Truppen besetzt, die sich immer wieder blutige Gefechte lieferten. Durchsetzen konnten sich schließlich die Schweden, die Leipzig von 1642–50 belagerten. Dabei fiel die Bevölkerung nicht nur desaströsen Kriegshandlungen, sondern auch der aufflammenden Pest zum Opfer. Während des Siebenjährigen Krieges (1756–63), belagerten dann die Preußen Leipzig, auf die ab 1806 die Truppen Napoleons I. folgten: Im Verlauf der viertägigen Völkerschlacht von 1813 fanden insgesamt 100 000 Menschen den Tod. Während des Zweiten Weltkriegs (1939–45) erlebte Leipzig erst ab Oktober 1943 die zerstörerische Wucht alliierter Fliegerbomben. In den rund 40 Luftangriffen wurden bis Kriegsende 20 Prozent der gesamten und nahezu 60 Prozent der innerstädtischen Bausubstanz zerstört oder stark beschädigt.
www.landschaften-in-deutschland.de

entstanden der Augustusplatz (S.44), eine Ringstraße sowie schmale Grünstreifen zum Flanieren und Ausruhen. Die kleinen Parks reihen sich heute wie eine grüne Perlenkette um die gesamte Innenstadt. Im Süden und Osten wurden sie 1857 vom Landschaftsarchitekten Peter Josef Lenné gestaltet und viele Denkmäler schmücken die Areale. So findet man etwa auf Höhe der Thomaskirche (S.28) das Alte Bachdenkmal (1843) und Skulpturen, die zu Ehren des Philosophen Platons und des Komponisten Felix Mendelssohn-Bartholdys errichtet wurden. Im Schillerpark hinter der Moritzbastei verstecken sich neben der Schillerbüste auch Denkmale für Robert Schumann und Christian Fürchtegott Gellert. Teil des Promenadenrings ist nicht zuletzt der belebte Grünstreifen gegenüber dem Hauptbahnhof. Dort erhebt sich das Denkmal für Bürgermeister Carl Wilhelm Müller, in dessen Amtszeit (1778–1801) diese Anlagen entstanden.

9 Petersstraße

Im Kaufrausch zwischen Schillerstraße und Marktplatz

■ Tram 2, 8, 9 Wilhelm-Leuschner-Platz, S-Bahnen Leipzig Markt

Die rund 370 m lange Fußgängerzone, die in Nord-Südrichtung zwischen Schillerstraße und Markt verläuft, zählt zu den belebtesten Einkaufsmeilen der Stadt. Vor rund 300 Jahren krönte ein majestätisches, barockes Stadttor das südliche Ende der Straße. Wie eindrucksvoll das aussah, kann man auf einem Aquarell des Malers Carl Werner (1859) im Stadtgeschichtlichen Museum (S.20) bestaunen. Mitte des 19. Jh. wurde das Peterstor abgerissen, wenige Jahre später entstanden zahlreiche neue Handelshäuser links und rechts der Petersstraße, die sich daraufhin zu einer Hauptschlagader der Leipziger Mustermesse entwickelte. Heute erfüllen hier vor allem große

Die exklusive Mädler-Passage lädt zum Shoppen und Schwelgen ein

Kaufhäuser, Modeboutiquen, Juweliere, Sportgeschäfte sowie Bäckereien und Drogerien die Konsumwünsche ihrer Kunden.

10 Mädler-Passage

 So schön und gut erhalten wie sonst keine Passage der Stadt

■ Bus 89, S-Bahn S1–S5, S11 Leipzig Markt
■ Grimmaische Straße 2–4, www.maedlerpassage.de

Sie strahlt und strotzt vor Eleganz: Wer in der Mädler-Passage einkaufen geht, hat entweder Geld oder Geschmack. Bestenfalls beides. Vor allem noble Boutiquen haben sich hier neben Cafés und Restaurants niedergelassen. In ihren Auslagen kann man Schmuck und Accessoires, edle Haute Couture oder Maßanzüge bestaunen. Noch mehr beeindruckt die helle, filigrane Architektur der Passage, deren Höhepunkt eine achteckige Glaskuppel bildet, unter der am Durchgang zur Petersstraße ein Glockenspiel aus Meissener Porzellan baumelt – und zu jeder vollen Stunde bimmelt.

Noch bis zur Wende diente die Mädler-Passage als Messehaus für Wein, Porzellan- und Lederwaren. Blickt man weiter zurück in die Geschichte, sind die Namen Dr. Heinrich Stromer und Anton Mädler untrennbar mit dem Gebäudekomplex verbunden. Der Arzt und Universitätsprofessor Stromer stammte ursprünglich aus Auerbach in der nördlichen Oberpfalz. In der ersten Hälfte des 16. Jh. erwarb er das Grundstück an der Grimmaischen Straße, ließ die alte, oberirdische Bausubstanz nahezu komplett abreißen und errichtete Auerbachs Hof, der bald zum beliebten Warenumschlagplatz wurde. Die florierenden Geschäfte der – schon damals historischen – Weinschänke im mehrstöckigen Keller unter dem Areal führte Stromer fort. Erst im Jahr 1911 wurde Auerbachs Hof dann an den Leipziger Unternehmer Anton Mädler veräußert, der 1912 erneut mit einem Abrisskommando anrückte und die nach ihm benannte Passage erschuf. Dabei hörte er auf die vielen Rufe, die sich für den Erhalt von Auerbachs Keller stark machten. Zwar wurde die Weinschänke modernisiert, alle historischen Räume blieben jedoch erhalten. Ihren heutigen Charme verdankt die Passage vor allem Mädlers damaligem Architekten Theodor Kösser, aber auch aufwendigen Renovierungsarbeiten Mitte der 1990er-Jahre.

◉ Sehenswert

Auerbachs Keller
| Wirtshaus |
Das Traditionswirtshaus ist die bekannteste Attraktion der Mädler-Passage – vielleicht sogar der ganzen Stadt – und geht auf eine bereits 1525 eröffnete Weinschänke zurück. In jenem Jahr soll der Alchemist und Wunderheiler Dr. Faustus Leipzig besucht und mithilfe teuflischer Zauberkraft auf einem Weinfass aus dem Keller geritten sein. Johann Wolfgang von Goethe (1749–1832) beeindruckte das sagenhafte Ereignis so sehr, dass er es in seinem Drama »Faust« verarbeitete. Der Rest ist Literaturgeschichte. Zwei überlebensgroße, von Mathieu Molitor als Bronzeguss geschaffene Figuren weisen den Weg hinab in Auerbachs Keller: Rechts steht Faust mit Mephisto, links drei trunkene Studen-

ten. Wie sie entstand auch der Große Keller, Hauptraum des heutigen Restaurants, erst 1912 beim Bau der Mädler-Passage. Aus der Renaissancezeit erhalten geblieben sind vier weitere historische Kellergewölbe, in denen heute ausschließlich geschlossene Gesellschaften bewirtet werden. Im Goethekeller, wo der junge Dichter selbst einst gezecht haben soll, hängen zwei kostbare Gemälde des Leipziger Kupferstechers Andreas Bretschneider aus dem Jahr 1625. Sie zeigen die aus der Tragödie bekannten, weinseligen Studenten beim Trinkgelage sowie Fausts spektakuläre Flucht auf dem Fass. Steigt man noch tiefer hinab, gelangt man in den geheimnisvollen Fasskeller mit seinem tonnenförmigen, 1867 von Heinrich Bey komplett ausgemalten Gewölbe. Blickfang ist hier der aus nur einem einzigen Holzstück geschnitzte Deckenleuchter (1913) von Max Stolz, der ebenfalls Faust beim Ritt auf dem Weinfass zeigt. Sehen kann man das alles nur im Rahmen von Führungen, die im Paket mit Mittagsverpflegung bzw. mit Kaffee und Kuchen angeboten werden.
■ Grimmaische Str. 2–4, Tel. 03 41/21 61 00, www.auerbachs-keller-leipzig.de, Führungen (30 Min.) tgl. 11.30 (17,50 €, mit Tagesgericht) und 15 Uhr (12,50 €, mit Kaffee u. Kuchen), nur mit Voranmeldung

 Restaurants

€€ | **Kümmel Apotheke** Gegen den kleinen Hunger gibt's in der Kümmel Apotheke wirksame Gegenmittel: Verabreicht werden leichte Gerichte mit regionalem, mediterranem oder internationalem Einschlag. Im schicken Ambiente des Lokals schmeckt abends auch ein Aperitif. ■ Grimmai-sche Str. 2–4, Tel. 03 41/960 87 05, www.kuemmel-apotheke.de, Mo–Do 9.30–22, Fr, Sa 9.30–1, So 10.30–20 Uhr

 Cafés

Mephisto Hier tragen die Kellner noch Krawatte und Hosenträger! Die Café-Bar mit Freisitz in der Mädler-Passage bietet Koffein mit einer Portion Extravaganz. Abends werden – häufig zu stilvoller Livemusik – auch Cocktails serviert. Achtung: Rauchen erlaubt!
■ Grimmaische Str. 2–4, Tel 03 41/21 61 00, www.auerbachs-keller-leipzig.de, tgl. ab 12 Uhr

 Erlebnisse

Faust – die Rockoper Wer die Mischung aus Hardrock und Prosa nicht scheut: Das Musical »Faust – die Rockoper« gastiert immer wieder in Auerbachs Keller als opulente Gastro-Show mit Menü. ■ www.faust-rockoper. de, Termine: www.auerbachs-keller-leipzig.de, ab 99 €/Pers.

11 Zeitgeschichtliches Forum

Wie war das noch mal? – DDR-Geschichte spannend erzählt

■ Bus 89, S-Bahn S1–S5, S11 Leipzig Markt
■ Grimmaische Str. 6, www.hdg.de, Di–Fr 9–18, Sa, So 10–18 Uhr, Führungen: Sa 15, So 11 Uhr, Eintritt frei

Dass Geschichte nicht langweilig sein muss, beweist eindrucksvoll das Zeitgeschichtliche Forum, das das Leben in der DDR – von der Teilung Deutschlands bis zur Wiedervereinigung – in

Gefällt Ihnen das?

Das **Zeitgeschichtliche Forum** punktet vor allem mit seiner Lebensnähe und Vielfalt. Einen ganz ähnlichen Ansatz verfolgt das **Stadtgeschichtliche Museum** in seiner Ausstellung »Moderne Zeiten« (S. 20).

all ihren Facetten beleuchtet. Dabei ist der sowohl chronologisch als auch thematisch gegliederte Rundgang so vielfältig, bunt und verwinkelt, dass man sich schon mal verlaufen kann. Natürlich spielen hier Politik, Stasi-Bespitzelung, Widerstand und Friedliche Revolution eine tragende Rolle. Erzählt wird das alles aber nicht nur mit Bildern und Zeittafeln, sondern anhand unzähliger, lebensechter Exponate – darunter Originaltransparente der Montagsdemonstrationen von 1989 oder ein Barkas-Lieferwagen, der vom Ministerium für Staatssicherheit für die Überführung von Staatsfeinden mit beklemmend engen Zellen ausgestattet wurde. Spannend machen das Museum aber auch die vielen Einblicke in den Alltag der DDR-Bürger, die u.a. Möbel, Kleidung oder Haushaltsgeräte umfassen und zeigen, wie herausfordernd es in Zeiten der Planwirtschaft war, die Wünsche der Menschen nach westlichem Vorbild zu bedienen. Wer das Museum besucht, sollte auf jeden Fall rund zwei Stunden Zeit einplanen. Sehenswert sind auch die vielen Sonderausstellungen zu Themen der deutsch-deutschen Geschichte.

 Sehenswert

Jahrhundertschritt
| Skulptur |

Vor dem Zentralmessepalast, in dem auch das Zeitgeschichtliche Forum untergebracht ist, zieht der »Jahrhundertschritt« (1984) von Wolfgang Mattheuer (1927–2004) viele Blicke auf sich. Der Leipziger Künstler schuf die Bron-

Eine legendäre »Schwalbe« im Zeitgeschichtlichen Forum

Goethe grüßt von seinem Sockel die Passanten am Naschmarkt

zeskulptur als Sinnbild für die beiden Diktaturen, die Deutschland im 20. Jh. ertragen musste: Während der rechte Arm der fast kopflosen Figur zum Hitlergruß ausgestreckt ist, symbolisiert die zur Faust geballte linke Hand den Kommunismus.

12 Naschmarkt

Romantisches Rokoko-Kleinod hinter dem Alten Rathaus

■ Bus 89, S-Bahn S1–S5, S11 Leipzig Markt

■ Grimmaische Str., Salzgäßchen

Der längliche Naschmarkt ist ein wundervoller, vom umliegenden Trubel abgeschirmter Ort – und somit ideal für eine Verschnaufpause. Früher verkauften die Leipziger Bauern hier vor allem Obst, aber auch Heringe und andere Lebensmittel. Inzwischen beschränkt sich das Marktgeschehen auf die Oster- und die stimmungsvolle Weihnachtszeit. Naschen kann man in den hiesigen Lokalen freilich immer noch zu jeder Jahreszeit. An der Ostseite wird der Platz vom mächtigen Handelshof, einem ehemaligen Messehaus (1908/09), flankiert. Zur Grimmaischen Straße schließt der Löwenbrunnen den Platz ab, der 1918 aufgestellt wurde und die beiden Löwen eines Vorgängerbrunnens nach Formen des Bildhauers Gottfried Schadow integriert.

 Sehenswert

Alte Handelsbörse
| Historisches Bauwerk |
Die Alte Handelsbörse an der Nordseite des Naschmarkts gilt als erstes barockes Bauwerk der Stadt. Sie wurde nach dem Dreißigjährigen Krieg (1618–1648) von reichen Leipziger Kaufleuten errichtet und als »Vereinslokal« genutzt: Hier wurden Geschäfte getätigt, Vertreter gewählt, Jubiläen abgehalten und Neuigkeiten ausgetauscht. Eine doppelläufige Treppe mit verspielter Balustrade führt hinauf zum prachtvoll verzierten Haupteingang. Deutlich tritt die Türrahmung mit dem krönenden, von zwei Putten flankierten Stadtwappen hervor. Die vier Ecken der Dachbalustrade schmücken römische Gottheiten des Leipziger Bildhauers Johann Caspar Sandtmann (1683). Das schlichte Innere des Gebäudes besteht aus einem Gewölbe und darüber einem Festsaal, der für Veranstaltungen genutzt wird.

Goethe-Denkmal
| Skulptur |
Vor der Börse erinnert das Denkmal des jungen Johann Wolfgang Goethe an dessen Studienzeiten in Leipzig 1765–68. Das elegante Standbild wurde, wie auch das Bachdenkmal an der Thomaskirche, von Carl Seffner geschaffen und 1903 hier aufgestellt. Im Sockel sind Goethes zwei Leipziger Freundinnen Käthchen Schönkopf und Friederike Oeser als Reliefs verewigt.

 Restaurants

€–€€ | **Alex** Im Burgkeller des Handelshofs befand sich einst das älteste Gasthaus der Stadt (1492). Sein Nachfolger, das Alex, ist eine mondäne Mischung aus Kaffeehaus und Restaurant – auch im Freisitz mitten auf dem Naschmarkt. ■ Naschmarkt 3, Tel. 03 41/ 20 06 75 30, www.dein-alex.de, Mo–Do 8–1, Fr, Sa 8–2, So 9–1 Uhr

13 Nikolaikirche

> **3** *Leipzigs stolzes Symbol der Friedlichen Revolution*

■ Bus 89 Reichsstr.
■ Nikolaikirchhof 3, www.nikolaikirche.de, Mo–Sa 10–18, So 13–16 Uhr, Messe: 9.30 Uhr; Friedensgebete: Mo 17 Uhr; Führungen: Di, Do, Fr 17 Uhr, Sa 11 Uhr, gratis; Turm: Sa 14 Uhr, 2,50 €, Familien 5 €

Sie ist nicht nur das größte, sondern neben der Thomaskirche auch das älteste Gotteshaus der Stadt. Anfang des 13. Jh. wird die Nikolaikirche erstmals urkundlich erwähnt, gegründet wurde sie jedoch bereits 1165. Vor fast 30 Jahren wurde sie zur Keimzelle der Friedlichen Revolution, die im November 1989 zum Fall der Mauer und später zur Deutschen Wiedervereinigung führte. Alles begann damals mit den Friedensgebeten, die bereits Anfang der 1980er-Jahre hier stattfanden und zunehmend auch den Widerstand der Bürger gegen das SED-Regime befeuerten. Die Besichtigung der Nikolaikirche empfiehlt sich vor allem auch denjenigen, die Kirchen eigentlich nicht mögen. Denn im Innern präsentiert sich das 63 m lange und 46 m breite, dreischiffige Langhaus überraschend hell und farbenfroh – mit viel Weiß, Apfelgrün und Rosarot. Echte Hingucker sind die feudalen Säulen, aus deren Köpfen Palmenblätter sprießen sowie das Kreuzgewölbe, das in eine reich verzierte Kassettendecke umgewandelt wurde. Verantwortlich für all die Pracht und Finesse zeichnet Stadtbaumeister Johann Carl Friedrich Dauthe (1746–1816), der die einst gotische Ausstattung der Hallenkirche Ende des 18. Jh. im klassizistischen Stil grundlegend modernisierte.

 Konzerte

Orgelkonzerte Jeden Samstagnachmittag erklingen auf der Empore der Nikolaikirche die über 100 Register der Ladegast-Orgel. ■ Sa 17 Uhr, Programm siehe www.nikolaikirche.de, 2 €

14 Nikolaikirchhof

Viel Flair auf geschichtsträchtigem Pflasterstein

■ Bus 89 Reichsstr., Tram 4, 7, u. w. Augustusplatz

Vor dem Nordportal der Nikolaikirche dehnt sich der charmante Nikolaikirchhof aus, der zum Verweilen und Entspannen einlädt. Für Atmosphäre und leibliches Wohl sorgen mehrere Restaurants und Cafés, die im Sommer ihre Tische zwischen blühenden Oleandersträuchern auf dem Platz im Freien aufstellen. Besonders schön ist es hier nach Einbruch der Dunkelheit, wenn sich die Installation »Public Light« (2003) von Tilo Schulz langsam vom Lichtpunkt zum bunten Lichtermeer ausdehnt. Die 144 ins Kopfsteinpflaster eingelassenen, leuchtenden Glaswürfel erinnern an die Widerstandsbewegung im Jahr 1989, die im Kleinen begann und zum friedlichen Massenprotest heranwuchs. Wie die Missstände in der DDR »das Fass langsam zum Überlaufen brachten« und daraus Neues hervorging, symbolisieren auch das überlaufende Wasser des Granitbrunnens des Londoner Architektenbüros David Chipperfield sowie die Nikolaisäule mit Palmenkapitell.

 Sehenswert

Nikolaisäule

| Denkmal |

Die sechs Meter hohe Skulptur (1992) der Leipziger Künstler Andreas Stötzner und Markus Gläser ist den Säulen im Innern des Gotteshauses nachempfunden. Die sprießenden Palmwedel hoch oben am Kapitell sind Sinnbild des Wandels, den eine Gesellschaft herbeiführen kann, wenn sie über sich hinauswächst. Zwei Drittel der zum Bau benötigten Mittel wurden durch Spenden von Bürgern, Firmen und Institutionen eingesammelt. Zur Säule gehört eine ins Pflaster eingelassene Gedenktafel mit der Inschrift »09 OKTOBER 1989« und den Schuhabdrücken der Demonstranten.

Alte Nikolaischule

| Historisches Museum |

Unter den Pennälern, die in der Alten Nikolaischule bis 1872 die Schulbank drückten, waren viele spätere Berühmtheiten wie der Philosoph Gottfried Wilhelm Leibniz (1646–1716) oder der Komponist Richard Wagner (1813–83). Wagners Leipziger Jugendjahren widmet sich im Erdgeschoss des 1512 errichteten Gebäudes eine Ausstellung der Kulturstiftung Leipzig. Im ersten Stock ist heute die Antikensammlung der Universität Leipzig zu sehen. Sie besitzt vor allem antike Klein- und Gebrauchskunst von 2000 v. Chr. bis etwa ins 7. Jh. Die Abgusssammlung umfasst über 600 historische Repliken griechischer und römischer Skulpturen, deren Originale sich in Museen der ganzen Welt befinden.

■ Nikolaikirchhof 2, www.kulturstiftung-leipzig.de, www.uni-leipzig.de/antik, Di, Mi, Sot 12–17 Uhr, 3 €, bis 6 Jahre frei

 Restaurants

€€ | **Reinhardts** in der Alten Nikolaischule. Wer im historischen Klassenzimmer speisen möchte, muss zum Glück nicht mehr auf die Pausenglocke warten. Regionale Küche mit saisonaler Karte und Freisitz auf dem Nikolaikirchhof. ■ Nikolaikirchhof 2, Tel. 03 41/96 25 56 55, www.gasthaus-alte-nikolaischule.de, tgl. ab 11 Uhr

15 Speck's Hof

Stimmungsvolle Prachtpassage mit einzigartigen Lichthöfen

■ Bus 89 Reichsstr., S-Bahn S1–S5 Leipzig Markt
■ Reichsstr. 4–6, www.speckshof.de

Neben der Mädler-Passage zählt der Block aus Speck's Hof und Hansa Haus, der sich zwischen Grimmaischer, Reichs- und Nikolaistraße erstreckt, zu den exklusiven Shopping-Adressen der Stadt. Der ehemalige Messebau, der Anfang der 1930er-Jahre zu den größten seiner Art in Leipzig zählte, wurde bereits 1908 errichtet und später immer weiter vergrößert. Vier Passagen durchkreuzen den Gebäudekomplex von allen Straßenseiten und weiten sich in drei überdachten Lichthöfen aus. In den Auslagen der Geschäfte finden sich feine Pralinen und Krawatten, Weine und Zigarren. Es lohnt sich aber auch der Blick auf die Innenarchitektur und die farbenfrohen Werke zeitgenössischer Künstler, die Decken und Wände schmücken.

 Sehenswert

Klangschale im Hansa Haus
| Kunstwerk |

Beim riesigen Bronzeguss (1999) im Lichthof des Hansa Hauses handelt es sich um die Nachbildung einer chinesischen Klangschale aus dem 16. Jh. Die Inschrift darauf lautet: »So, wie Ihr Augen habt, um das Licht zu sehen, und Ohren, um Klänge zu hören, so habt Ihr ein Herz, um die Zeit damit wahrzunehmen.« Um die Schale in Schwingung zu versetzen, muss man mit angefeuchteten Handflächen gleichmäßig über ihre beiden Griffe streichen. Zum Kunstwerk gehören auch zwei Zifferblätter, auf denen ein Laserstrahl die aktuelle Uhrzeit markiert.

 Cafés

Kaffeehaus Riquet Im Schuhmachergäßchen lädt eines der schönsten und ältesten Kaffeehäuser der Innenstadt zur Pause ein. Anfang des 20. Jh. diente das Gebäude als Messehaus für Kolonialwaren aus dem Orient und aus Ostasien. Das exotische Dachtürmchen, vor allem aber die Elefantenköpfe über dem Eingang erinnern an diese Vergangenheit. Im Lokal geht es stilvoll wienerisch zu. Probieren sollte man die hausgemachte Riquet-Torte. ■ Schuhmachergäßchen 1, www.riquethaus.de, tgl. 9–19 Uhr

 Einkaufen

Amélie In ihrem Laden verkauft Schoko-Fan Silke Buchwald unverschämt Leckeres aus Kakao, hergestellt von Chocolatiers aus ganz Europa. Im Angebot sind auch erlesene Espresso-Bohnen, die auf Wunsch frisch gemahlen werden. ■ Reichstr. 4–6 (Speck's Hof), www.amelie-schokolade.de

Die Nikolaisäule – sprießendes Sinnbild der Friedlichen Revolution

1.5.19

16 Augustusplatz

29. 4. 19

Jung, pulsierend, himmelhoch – Leipzig als Metropole

![City-Hochhaus, Paulinum und Kroch-Hochhaus]

City-Hochhaus, Paulinum und Kroch-Hochhaus – ein faszinierendes Ensemble

i Information

- Tram 4, 7, 8, 10, u. w. Augustusplatz
- Parken: siehe S. 49

So modern und mondän gibt sich die Messestadt nur hier

Klein und gemütlich? Leipzig kann auch Großstadt! Am deutlichsten zeigt sich das am belebten Augustusplatz. Auf einem Areal so groß wie sechs Fußballfelder stehen sich mit Gewandhaus und Oper nicht nur die Musentempel Leipzigs gegenüber; auch die Universität hat hier ihren Hauptsitz. Das gläserne Paulinum sowie das im-

posante City-Hochhaus nebenan sind wahre Leuchttürme moderner Leipziger Architektur und verschmelzen gemeinsam mit den angrenzenden Gebäuden zu einem harmonischen wie spektakulären Ensemble. Wo heute der Verkehr des Innenstadtrings mehrspurig am Augustusplatz vorbeibraust, befanden sich bis ins 19. Jh. Stadtmauer und Grimmaisches Tor. 1831, nach der Schleifung der Wallanlagen östlich der Altstadt, wurde das freigewordene Areal als neuer Platz ausgewiesen und nach dem sächsischen König Friedrich August I. (1750–1827) benannt. Anschließend entstanden repräsentative Bauwerke im Stil

Plan
S. 46

in der Stadt auf eine über 300-jährige Tradition zurück. Vorgängerbau des heutigen Opernhauses am Augustusplatz war das ab 1864 errichtete Neue Theater, das 1943 von den Alliierten zerbombt und erst 1960 an alter Stelle wiederaufgebaut wurde. Entworfen hat das helle Elbsandsteingebäude der Berliner Architekt Kunz Nierade, der zwar klassizistische Formen der alten Oper aufgriff, die Architektur aber ansonsten sehr funktional gestaltete. Im Reliefband, das über dem Sockelgeschoss um das ganze Gebäude läuft, findet sich an der dem City-Ring zugewandten Seite die letzte im Stadtbild erhaltene Darstellung des DDR-Wappens. Die Innenausstattung zeigt das Beste, was in den 1960er-Jahren möglich war: Die Säulen sind mit Meissener Porzellanfliesen verkleidet, die Handläufe bestehen aus Messing, die Holztäfelungen aus Schweizer Birnenholz und Ahorn. Der trapezförmige Zuschauerraum bietet 1273 Plätze im Parkett und auf dem Rang. Musikalisch begleitet werden die Aufführungen meist vom Gewandhausorchester.

■ Augustusplatz 12, www.oper-leipzig.de, Tickets & Info: Tel. 03 41/126 12 61, Mo–Sa 10–19 Uhr

des Klassizismus, von denen viele jedoch dem Bombenhagel des Zweiten Weltkriegs und Bauprojekten der DDR-Regierung zum Opfer fielen. Während der Friedlichen Revolution 1989 war der Augustusplatz wichtiger Treffpunkt für Hunderttausende Bürger und Aktivisten, die bei den Montagsdemonstrationen ihrer Wut auf das SED-Regime Luft machten.

 Sehenswert

a **Oper** *29.4.19*
| Opernhaus |

Die Leipziger lieben Musiktheater – in all seinen Spielarten. Die Sparte blickt

b **Gewandhaus** *29.4.19*
| Konzerthaus |

»Wahre Freude ist eine ernste Sache« lautet bis heute das Motto des Gewandhausorchesters, dem ältesten bürgerlichen Orchester Deutschlands. Sein Name leitet sich vom einstigen Messehaus der Tuchmacher ab, in dessen Obergeschoss die Musiker, de-

4 16 a – 16 h Augustusplatz

ren berühmtester Kapellmeister einst Felix Mendelssohn-Bartholdy (1809–1847) war, 1781 ihre erste Spielstätte fanden. 200 Jahre später wurde dem Ensemble dann das Gewandhaus am Augustusplatz als neue Heimstätte spendiert. Für den Neubau hatte sich vor allem der damalige Kapellmeister Kurt Masur eingesetzt. Im Herbst 1989 kam dem Gewandhaus politische Bedeutung zu. Kurt Masur öffnete das Haus für die ins Leben gerufenen Gewandhausgespräche, in denen über Reformen und die Zukunft der DDR debattiert wurde. Damit wurde das Gewandhaus zu einer Plattform für die politische Opposition der DDR. Im Innern des verglasten Betonwürfels fällt das Wandgemälde »Gesang vom Leben« (1981) ins Auge, das über mehrere Stockwerke reicht und von Sighard Gille, einem Maler der Leipziger Schule, stammt. Anregung für das Deckenge-

mälde erhielt Gille durch Gustav Mahlers »Lied von der Erde«. Die Transparenz des massiven Baukörpers ermöglicht das Hinausleuchten des Gemäldes in den öffentlichen Raum und betont gleichzeitig den festlichen Charakter der Konzertstätte. Vom Foyer führen mehrere Freitreppen zum Großen Saal mit über 1900 Sitzplätzen und hervorragender Akustik. Einem Amphitheater gleich ist er auf die Bühne und die monumentale Orgel (1977) aus der Werkstatt des Potsdamer Orgelbauers Alexander Schuke ausgerichtet. Bei der Orgelstunde (meist Sa 17 Uhr) und Konzerten werden alle 91 Register des großartigen Instruments gezogen. Seit 2018 ist Andris Nelsons neuer Gewandhauskapellmeister; bei den Festwochen zum 275. Jubiläum des Ensembles feierte er seinen Einstand.

■ Augustusplatz 8, www.gewandhaus orchester.de, Mo–Fr 10–18, Sa 10–14 Uhr

(Hauptfoyer außerhalb Konzertbetrieb), Tickets: Tel. 03 41/127 02 80, Führungen (5,50 €) unregelmäßig, siehe Spielplan

c Mendebrunnen 29.4.19
| Brunnen |

Vor dem Gewandhaus sprudelt der nach seiner Stifterin Marianne Pauline Mende benannte neobarocke Mendebrunnen (1886), der im Krieg nicht beschädigt wurde. Geschaffen hat ihn der Münchner Bildhauer Jacob Ungerer. Um einen 18 m hohen Obelisken aus rotem Meissener Granit reihen sich Bronzefiguren aus der griechischen Mythologie.

d Universität Leipzig 29.4.19
| Architektur |

Seit Jahrhunderten prägt die »Alma Mater Lipsiensis«, zu DDR-Zeiten Karl-Marx-Universität genannt, das geistige Leben der Stadt. 1409 gegründet, befindet sich ihr Hauptgebäude seit 1544 hier am Augustusplatz und namhafte Studenten und Dozenten wie Gottfried Leibniz, Friedrich Nietzsche oder Erich Kästner lehrten und lernten bereits an der Hochschule. In ihre Fußstapfen treten heute knapp 30 000 Studierende aus Deutschland und der Welt. Besonders sehenswert sind das Neue Augusteum sowie das erst kürzlich fertiggestellte Paulinum – ein architektonischer Geniestreiche des niederländischen Architekten Erick van Egeraat, der die Universität in einen mondänen Innenstadtcampus verwandelte und so auch das Erscheinungsbild des Augustusplatzes radikal veränderte. Beim Paulinum, einer Kombination aus Aula und Universitätskirche, orientierte sich van Egeraat an den Formen des Vorgängerbaus, der alten Paulinerkirche, die im Zweiten Weltkrieg stark beschädigt und 1968 gesprengt wurde. Der steile Giebel zitiert das gotische Gotteshaus ebenso wie das Kreuzrippengewölbe im Inneren. Die Fassade aus Glaselementen und Beton ist hingegen ganz dem 21. Jh. verpflichtet. Wie sehr man be-

Das alte Schinkeltor setzt historische Akzente im Neuen Augusteum der Universität

müht war, beim Neubau an Traditionen anzuknüpfen, zeigt auch das in die Westfassade des Neuen Augusteums integrierte Schinkeltor, das einzige noch erhaltene Fragment des Vorgängerbaus aus dem 19. Jh.

■ Augustusplatz 10, www.uni-leipzig.de, Mo–Fr 6–22, Sa 6–15 Uhr, Führungen: Sa 11 Uhr, 8 €

e City-Hochhaus 30. 4. 19
| Aussichtspunkt |

Zum Wahrzeichen Leipzigs avancierte das 142 m hoch aufragende Hochhaus (1968–72) von Hermann Henselmann an der Südwestecke des Augustusplatzes. »Weisheitszahn« nennen es noch heute einige Leipziger, denn der schnittige Rumpf des Baus, den einst die Universität nutzte, erinnert an ein aufgeschlagenes Buch. Mit dem Lift gelangt man ins 29. Stockwerk. Hier lädt das Restaurant Panorama Tower (s. u.) zu lukullischen Genüssen. Gegen Eintritt kann man die Aussicht von der Dachterrasse auch ohne Restaurantbesuch genießen.

■ Augustusplatz 9, www.panorama-leipzig.de, Dachterrasse: So–Do 9–22.30, Fr, Sa 9–24 Uhr, 3 €, bis 6 Jahre frei

f Moritzbastei 29. 4. 19
| Historisches Bauwerk |

Die Moritzbastei entstand nach dem Schmalkaldischen Krieg (1546–47), als man die Stadtbefestigung zusätzlich durch mächtige Bastionen absicherte. Während ein Großteil der Verteidigungsanlagen Ende des 18. Jh. geschleift wurde, blieb die Moritzbastei verschont, versank allerdings später allmählich zwischen Schutt und Erdreich – und fiel in einen Dornröschenschlaf. Erst Mitte der 1970er-Jahre weckten die überwucherten histori-

schen Mauern die Neugierde der Leipziger Studenten. Sie legten sie frei und machten die Moritzbastei zu ihrem Projekt. Bis heute ist das Kulturzentrum eine der Top-Adressen für Kunst- und Genusshungrige: Nachmittags ist die Moritzbastei Café, abends Kneipe und atmosphärischer Veranstaltungsort, an Wochenenden Disco und im Sommer Freilufttheater und Open-Air-Kino.

■ Universitätsstr. 9, www.moritzbastei.de

g Ägyptisches Museum
| Archäologisches Museum |

Mumien, Sphinxe, Skarabäen: Das Ägyptische Museum der Universität überrascht mit hochkarätigen historischen Schätzen. Zu den edelsten Stücken gehören Reliefs und Statuen aus dem Alten Ägyptischen Reich (3000 v. Chr.) sowie ein mit kostbaren Schnitzarbeiten verzierter Zedernholzsarkophag aus der Spätzeit (746–332 v. Chr.). Die Sammlung geht auf Gustav Seyffarth zurück, Professor der Archäologie an der Universität Leipzig, der im Jahre 1840 das erste Fundstück erwarb: einen Sarkophag aus Zedernholz. Das Museum ist in zehn Räumen des Kroch-Hochhauses (1927/28) untergebracht, auf dessen Flachdach zwei Figuren auf drei Glocken die Uhrzeit schlagen. Unterhalb steht das

Motto »Omnia vincit labor« – »Arbeit besiegt alles«. Ihr Vorbild sind die Glockenmänner auf dem Uhrturm am Markusplatz in Venedig.

■ Goethestr. 2, www.gko.uni-leipzig.de/aegyptisches-museum, Di–Fr 13–17, Sa, So, Fei 10–17 Uhr, 5 €, Familien 10 €

ⓗ Schwanenteich
| Park |

Der Obere Park mit seinem pittoresken Schwanenteich ist Teil des ab dem 18. Jh. als Promenadenring (S. 34) entstandenen Grünstreifens. Mehrere Skulpturen schmücken das Areal; darunter eine Büste Richard Wagners (1983) von Max Klinger. Besonders schön ist der Blick aufs nordöstlich gelegene Wintergarten-Hochhaus (S. 114). Vorsicht: Im Park tummeln sich vor allem abends düstere Gestalten, dann sollte man nicht allein unterwegs sein!

Parken

Die Tiefgarage unter dem Augustusplatz erreicht man über die Zufahrt am Paulinum via Goethestraße. Eine zweite Zufahrt befindet sich am City-Ring (Ostseite der Oper). Einfahrten vor dem Paulinum und an der Ostseite der Oper. ■ 1260 Plätze, Einfahrt 0–24 Uhr, 2 €/Std., 6 €/Tag, Plan S. 46 b2

⍟ Restaurants

€ | Barbakane Zwischen den alten Backsteinmauern der Moritzbastei gibt es günstige Tages- und Wochengerichte. ■ Universitätsstr. 9, Tel. 03 41/70 25 90, www.moritzbastei.de, Mo–Fr ab 10, Sa ab 12 Uhr, Plan S. 46 a3

€€€ | Panorama Tower Gehobene Küche über den Dächern der Stadt. Als Beilage gibt's in rund 120 Metern Höhe einen atemberaubenden Ausblick.

Perspektivenwechsel: Blick vom Schwanenteich auf Oper und City-Hochhaus

Augustusplatz 9, Tel. 03 41/71 00 5 90, www.panorama-leipzig.de, Mo–Sa ab 11.30, So ab 9 Uhr Brunch, Plan S. 46 a2

 Einkaufen

Städtisches Kaufhaus Im ältesten Mustermessehaus (1897) der Stadt, gegenüber der Universität, kann man herrlich bummeln und so manches Schnäppchen schlagen. Der Schwerpunkt liegt auf Mode- und Designboutiquen, die sich den neobarocken Bau mit Cafés, Restaurants und Büros teilen. ■ Neumarkt 9–19, www.staedtisches-kaufhaus.de, Plan S. 46 a2

 Kinder

Im Gewandhaus wird eine ganze Reihe von Veranstaltungen speziell für kleine Musikfreunde angeboten, darunter Erlebniskonzerte, auch zum Mitmachen, Familienkonzerte sowie kindgerechte Führungen und Präsentationen. ■ Infos unter www.gewandhausorchester.de, Suchbegriff: Kinder, Plan S. 46 a2

28.4.19

17 Hauptbahnhof

Rund um die Bahnsteige trifft Kauflust auf süßes Fernweh

■ Alle Tramlinien (bis auf Linie 2) Hauptbahnhof
■ Willy-Brandt-Platz

Der monumentale Leipziger Hauptbahnhof ist eine leuchtende Kathedrale für die Eisenbahn, erbaut in einer Zeit, als noch nicht das Auto, sondern der Zug Sinnbild für unbeschränkte Mobilität war. Noch bis Ende des 19. Jh. existierten rund um die Altstadt insgesamt sechs konkurrierende Bahnhöfe. Später wurde die Bündelung des Schienenverkehrs jedoch unumgäng-

Das historische Ambiente des Leipziger Hauptbahnhofs macht Lust aufs Reisen

ADAC *Mittendrin*

Der spektakulärste Blick auf die gewaltige Bahnhofshalle bietet sich abends von der östlich vorbeiführenden Brandenburger Straße aus, wenn die beeindruckende Eisenträgerkonstruktion wie ein erleuchteter Pfeilerwald wirkt.

lich. Kein einfaches Unterfangen, denn die Eisenbahngesellschaften verfolgten unterschiedliche Interessen, die nur schwer aufeinander abzustimmen waren. Die hitzigen Verhandlungen gingen sogar als sächsisch-preußischer Eisenbahnkrieg in die Geschichte ein. Nach langem Tauziehen einigte man sich schließlich 1898, einen neuen, zentrumsnahen Kopfbahnhof mit zwei separaten Eingangshallen zu errichten – jeweils für die Züge der Preußischen und der Sächsische Staatsbahn. Bis heute markieren unterschiedliche Wappen die West- bzw. Ostfassade und erinnern an die einstige Trennung der Hoheitsbereiche. Und bis heute ist der Leipziger Hauptbahnhof eines der wichtigsten und flächenmäßig größten Eisenbahndrehkreuze Deutschlands, das täglich rund 120 000 Reisende und Besucher abfertigt. Im Anschluss an die Wende wurde er aufwendig renoviert und in ein Shopping-Paradies verwandelt. Auf drei Ebenen bieten die knapp 150 Geschäfte, Cafés und Restaurants der Promenaden im Hauptbahnhof (fast) alles, was das Herz begehrt. Nach der schweren Geburt des City-Tunnels (2013) ist der Bahnhof nun auch unterirdisch mit dem Bayerischen Bahnhof (S. 98) verbunden und somit quasi ein Durchgangsbahnhof.

 Verkehrsmittel

ZOB Leipzigs Zentraler Omnibusbahnhof (ZOB) befindet sich an der »Sachsenseite«, an der Ostseite der Bahnhofshalle. Die großen Fernbusunternehmen verkaufen Tickets vor Ort.
Eckhardt Zweiräder Gar nicht so einfach, im Leipziger Zentrum einen Fahrradverleih zu finden. Eine größere Flotte bietet Eckhardts Fahrradladen am Hauptbahnhof (Reservierung am Vortag empfohlen). ■ Kurt-Schumacher-Str. 4, www.bikeandsport.de, Tel. 03 41/961 72 74, Mo–Fr 8–20, Sa 9–18 Uhr, 8 €/Tag (50 € Kaution)

 Parken

Zwei Parkhäuser mit insgesamt 1300 Stellplätzen befinden sich an der Ost- (Kurzzeitparken) und Westseite (Langzeitparken) des Bahnhofs. ■ Zufahrt über Kurt-Schumacher-Str. bzw. Brandenburger Str., Einfahrt 0–24 Uhr, 0,5 €/Std., 5–7 €/Tag

ADAC *Mobil*

An der dem City-Ring zugewandten Westseite des Hauptbahnhofs befindet sich eine der mittlerweile 70 **Ladestationen** für **Elektroautos** im Leipziger Stadtgebiet, die von den Stadtwerken betrieben werden (Karte siehe Webseite). Die Nutzung erfolgt über die App »easy.GO« des Mitteldeutschen Verkehrsverbunds oder über eine Zugangskarte, die man jedoch vorher beantragen muss.
L-Service-Center, Markgrafenstr. 2, Tel. 03 41/121 64 04, www.l.de/elektromobilitaet, Mo–Fr 9 –20, Sa 10–16 Uhr

Einkaufen

Hauptbahnhof Promenaden Einkaufen bis zum Umfallen kann man im Mega-Shoppingcenter im Hauptbahnhof, das auf drei Ebenen über 140 Geschäfte und Restaurants bietet.
■ www.promenaden-hauptbahnhof-leipzig.de, Geschäfte tgl. 10–22 Uhr

 Kinder

Museumsbahnsteig Alte Dampflokomotiven und nostalgische Züge kann man auf Gleis 24 im östlichen Teil des Hauptbahnhofs bewundern. Da wird die Wartezeit zum Abenteuer!

18 Brühl *28. 4. 19*

Die einst weltberühmte Pelzmeile sucht heute nach neuem Glanz

■ Tram 1, 3, 4, u. w. Goerdelerring
■ Brühl 1–69

Schon im Mittelalter war der Brühl einer der wichtigsten Warenumschlagplätze der Stadt, der maßgeblich zum Wohlstand Leipzigs beitrug. Später ließen sich vor allem Pelzhändler hier nieder, um ihre »Rauchwaren« zu verkaufen. In den Goldenen Zwanzigern war die »Weltstraße der Pelze« so berühmt geworden, dass sich der Begriff »Brühl« als Synonym für die gesamte Branche etablierte. Fast 800 Rauchwarenhandlungen zählte die Gegend damals. Da die meisten Pelzhändler Juden oder jüdischer Abstammung waren, wurden sie nach der Machtergreifung der Nationalsozialisten verfolgt und vertrieben. Der Brühl war Geschichte. Nach dem Zweiten Weltkrieg sowie nach der Wende dauerte

es Jahre, bis die Straße wieder annähernd zu altem Glanz zurückfand, und noch heute klaffen neben verspiegelten Neubauten etliche Baulücken.

 Sehenswert

»Blechbüchse«
| Architektur |

»Blechbüchse« nannten die Leipziger das ehemalige Konsument-Warenhaus (1966), einst größtes Kaufhaus der DDR. Bereits damals war die Fassade des amorphen, fensterlosen Baus mit silbrig-weißem Aluminium verkleidet. Als das Gebäude 2010 abgerissen wurde, lagerte man die denkmalgeschützten Leichtmetallplatten ein, um sie zwei Jahre später am Neubau wieder anzubringen. Heute ist die »Blechbüchse« ein spannender architektonischer Akzent, der dem Richard-Wagner-Platz sein modernes Gesicht verleiht.
■ Brühl 1/Richard-Wagner-Platz

Richard-Wagner-Platz
| Platz |

Der mit Bäumen bepflanzte Platz ist einladend und an warmen Sommertagen haben Kinder ihren Spaß an den Pusteblumen-Springbrunnen (1972), die der Künstler Harry Müller kreiert hat. Aus seiner Werkstatt stammt übrigens auch die Alu-Fassade der »Blechbüchse«. Ganz in der Nähe befand sich

ADAC *Spartipp*

Parkhaus zu teuer? Das Auto kann man auch außerhalb der Stadt abstellen und dann bequem mit den öffentlichen Verkehrsmitteln ins Zentrum fahren. Eine Liste kostenloser **Park-and-Ride-Plätze** finden Sie auf S. 128.

Der Leipziger Brühl mit der markanten, silberglänzenden »Blechbüchse«

das Geburtshaus Richard Wagners (1813–83), das jedoch 1886 abgerissen wurde. Bevor der Platz zum 100. Geburtstag des Komponisten nach ihm umbenannt wurde, hieß er Theaterplatz und war Heimat der ersten Leipziger Oper, die später an den Augustusplatz (S. 44) umzog.

 Parken

Nicht nur zum Shoppen, auch zum Parken eine gute Adresse: Die Höfe am Brühl verfügen über ein Parkhaus mit 800 Stellplätzen. Einfahrt via Nordseite oder Brühl. ■ Am Hallischen Tor, Einfahrt tgl. 6–23 Uhr, 1,30 €/Std., 9 €/Tag

`19` Museum der bildenden Künste

5 *Leipzigs Anlaufstelle Nummer eins für Kunstliebhaber*

■ Bus 89 Reichsstr., Tram 1, 3, 4, u. w. Goerdelerring

■ Katharinenstr. 10, www.mdbk.de, Di, Do–So, Fei 10–18, Mi 12–20 Uhr, 5 € (Sammlung), 8 € (Sonderausstellung), bis 18 Jahre frei

Lange Zeit führte das 1837 vom Leipziger Kunstverein ins Leben gerufene Museum ein Nomadendasein. Erst kurz nach der Jahrtausendwende fand die kostbare Sammlung ein neues, dauerhaftes Domizil am Nordende der Katharinenstraße. Und ein schickes noch dazu! Zwar wirkt der 36 m hohe, mehrstöckige Glas-Betonkubus von außen kühl, sein Inneres ist jedoch hell und sehr transparent gestaltet, mit riesigen Fensterflächen, die auch immer neue, spannende Perspektiven auf die Stadt eröffnen. Einen Schwerpunkt der Sammlung, die 600 Jahre europäischer Kunstgeschichte abdeckt, bilden altdeutsche und niederländische Maler des 15. bis 18. Jh. Dabei beeindrucken vor allem die Meisterwerke der beiden Lucas Cranach. Im ersten und dritten Obergeschoss kann

Buchstäblich spektakuläre Hängung im Museum der bildenden Künste

man internationale Vertreter des Impressionismus, Expressionismus und der Klassischen Moderne bestaunen. Vor allem lenkt das Museum hier aber das Augenmerk auf den Leipziger Jugendstilkünstler Max Klinger (1857–1920), dessen berühmter Beethoven-Skulptur ein eigener Raum gewidmet ist, sowie auf die Arbeiten Max Beckmanns (1884–1950). Vertreten sind auch die Gallionsfiguren der Leipziger Schule des 20./21. Jh., darunter Werke von Willi Sitte, Bernhard Heisig, Werner

ADAC *Spartipp*

Gratis besuchen kann man das **Museum der bildenden Künste** an jedem ersten Mittwoch im Monat. Freier Eintritt gilt zudem für Kinder und Jugendliche bis 18 Jahre.

Tübke und natürlich Neo Rauch, dessen Bilder auf dem Weltmarkt zu Höchstpreisen gehandelt werden. Das Untergeschoss ist Wechselausstellungen vorbehalten.

20 Museum in der Runden Ecke

Einblicke in die dunklen Machenschaften der Stasi

■ Tram 1, 3, 4, u. w. Goerdelerring
■ Dittrichring 24, www.runde-ecke leipzig.de, tgl. 10–18 Uhr, Eintritt frei, Führungen tgl. 15 Uhr, 5 €

Eigentlich ist das Gebäude am Dittrichring ein harmloser Altbau mit einer dem Straßenverlauf folgenden, abgerundeten Ecke. Doch der Eindruck täuscht: 1950 übernahm die Leipziger Bezirksverwaltung des gefürchteten Ministeriums für Staatssicherheit (MfS), kurz Stasi, die Räume und nutze sie als Schaltzentrale für ihre Bespitzelungen. Heute ist der Ort eine Gedenkstätte und dient zugleich der Aufklärung über vergangenes Unrecht. Gezeigt werden Stasi-Wanzen, Aktenbohrer, Bedampfungsmaschinen zum Öffnen von Post und auch die absurden Geruchskonserven, mit deren Hilfe speziell ausgebildete Suchhunde vermeintliche Regimegegner aufspüren sollten. Ein ergreifender Teil der Ausstellung ist zudem der Todesstrafe in der DDR gewidmet. In der »Runden Ecke« befindet sich bis heute auch die Leipziger Außenstelle der Behörde des Bundesbeauftragten für die Unterlagen des Staatssicherheitsdienstes der ehemaligen DDR (BStU), die Bürgern ihre Stasi-Akten zur Einsicht freigibt.

Am Abend

Die meisten Bühnen, Konzerthäuser und auch die Bars innerhalb des City-Rings haben Schliff und Tradition. Zwar geht es in den Abendstunden im berüchtigten »Bermudadreieck« auf dem Drallewatsch rund um das Barfußgäßchen ausgelassener zu, doch auch hier kann man ganz stilvoll einen Cocktail trinken. Wer Kultur mit Ecken und Kanten oder studentisches Kneipenflair sucht, wird in der Moritzbastei fündig – oder ist in der Südvorstadt besser aufgehoben. In Leipzig gibt es übrigens keine offizielle Sperrstunde und viele Bars schließen erst, wenn ihren Gästen Durst und Laune vergehen.

 ## Bühne

academixer 1966 von Studenten gegründet, ist das Kult-Kabarett heute nicht mehr aus der Kulturszene der Stadt wegzudenken. Auch viele Gastauftritte. ■ Kupfergasse 2, Tram 4, 7, 8, u. w. Augustusplatz, S-Bahn Markt/Wilhelm-Leuschner-Platz, Tickets: Tel. 03 41/21 78 78 78, www.academixer.de

Krystallpalast Varieté Unterhaltsames Dinnershow-Programm von Zaubertricks über Comedy bis Akrobatik. Vorstellungen mit oder ohne Menü. ■ Magazingasse 4, Tram 4, 7, 8, u. w. Augustusplatz, S-Bahn Wilhelm-Leuschner-Platz, Tickets: Tel. 03 41/14 06 60, www.krystallpalast.de

Leipziger Funzel Mal still und nachdenklich, mal laut und bissig – fast immer politisch. Traditionskabarett (1975) in gemütlichem Keller im Herzen der Stadt. ■ Nikolaistr. 6–10 (Strohsack-Passage), Tram 4, 7, 8, u. w. Augustusplatz, S-Bahn Markt/Hauptbahnhof, Tickets: Tel. 03 41/960 32 32, www.leipziger-funzel.de

Oper Leipzig Egal ob »Tannhäuser«, »Lulu« oder »Schwanensee«: Opern- und Ballettliebhaber werden am Augustusplatz mit hochkarätigem Musiktheater bedient. ■ Augustusplatz 12, Tram 4, 7, 8, u. w. Augustusplatz, S-Bahn Hauptbahnhof, Tickets : Tel. 03 41/126 12 61 www.oper-leipzig.de

 ## Konzert

Gewandhaus Klassik auf internationalem Spitzenniveau. ■ Augustusplatz 8, Tram 4, 7, 8, u. w. Augustusplatz, S-Bahn Wilhelm-Leuschner-Platz, Tickets: Tel. 03 41/127 02 80, www.gewandhausorchester.de

Moritzbastei Neben Theater und Lesungen auch viele Musikpartys und Livekonzerte unter dem heimeligen Gewölbe der ehemaligen Festung. ■ Universitätsstr. 9, Tram 4, 7, 8, u. w. Augustusplatz, S-Bahn Wilhelm-Leuschner-Platz, Tickets: Tel. 03 41/70 25 90, www.moritzbastei.de

Sommersaal im Bosehaus Intim und gleichzeitig feierlich: Der barocke Sommersaal im Bosehaus an der Thomaskirche bietet das perfekte Kammermusikambiente. ■ Thomaskirchhof 15, Tram 9 Thomaskirche, S-Bahn Markt, Tel. 03 41/913 70, www.bachmuseum leipzig.de, Tickets im Museumsshop

Tonellis Schweißtreibende Live-Gitarrenmusik vergangener Jahrzehnte mit Schwerpunkten Jazz, Blues, Soul und Country. ■ Neumarkt 9, Tram 4, 7, 8, u. w. Augustusplatz, S-Bahn Markt, (Städtisches Kaufhaus), www.tonellis.de, Mo–Sa ab 20 Uhr

Kneipen, Bars und Clubs

Barfusz Schicker Mix aus Café, Lounge und Bar im quirligen Barfußgäßchen. ■ Barfußgäßchen 9, Tram 9 Thomaskirche, S-Bahn Markt, Tel. 03 41/960 20 78, www.zillstunnel.de, tgl. 11.30–0 Uhr

Brick's Beliebte, kleine Cocktailbar am Brühl mit großer Auswahl. Hier schütteln und rühren echte Profis. ■ Brühl 52, Tram 1, 3, 4, 7, u. w. und S-Bahn Hauptbahnhof, Tel. 03 41/961 43 27, tgl. ab 20 Uhr

Imperii Extravagante Cocktails wie »Peruanischer Pflaumentee« und »Kung Fu Panda« klingen zunächst nach überambitionierter Experimentierfreude, schmecken aber hervorragend. Dazu trägt auch das stilvolle Ambiente der Bar bei. ■ Brühl 72, Tel. 03 41/96 28 37 89, www.imperii.de, Mo–Sa 16–2 Uhr

 Lucca Italienische Wohlfühl-Bar, in der man nach einem Snack oder Abendessen gern noch auf ein Glas Wein sitzen bleibt – oder sogar zum Frühstück wiederkommt. Mit Freisitz. ■ Ratsfreischulstr. 10, Tram 9 Thomaskirche, S-Bahn Markt/Wilhelm-Leuschner-Platz, Tel. 03 41/225 56 77, www.lucca-bar.de, Mo–Sa, ab 10 Uhr

Spizz Zwanglose Mischung aus Café, Bar, Jazz-Keller und Club mit regelmäßigen Konzerten, DJ-Sets und Partys. ■ Markt 9, Tram 9 Thomaskirche, S-Bahn Markt, www.spizz.org, tgl. ab 9 Uhr, Konzerte ab 19.30 Uhr

Kinos

CineStar Multiplex-Palast am Eingang zur Altstadt. ■ Petersstr. 44, Tram 2, 8, 9, 10, u. w. und S-Bahn Wilhelm-Leuschner-Platz, www.cinestar.de, Reservierung nur online

Passage Kinos Kleines Programmkino in der Jägerhof-Passage. ■ Hainstr. 19a, Tram 1, 3, 4, 7, u. w. Goerdelerring, S-Bahn Markt, Tel. 03 41/21 73 86-2, -3 oder online, www.passage-kinos.de

ADAC *Das besondere Theater*

Seit über 60 Jahren kommentiert die **Leipziger Pfeffermühle** Alltag und Zeitgeschehen mit würziger Satire. Es gehört zu den ältesten Kabarettbühnen Leipzigs und versuchte zu DDR-Zeiten hartnäckig, die Zensur zu umschiffen. Vor einigen Jahren hat die Bühne ihren Stammsitz in Kretschmanns Hof bezogen. *Katharinenstr. 17, Tickets: Tel. 03 41/ 960 31 96, www.kabarett-leipziger pfeffermuehle.de, Theaterkasse: Mo–Fr 11–20, Sa 15–20 Uhr, So, Fei 2 Std. vor Vorstellungsbeginn*

Übernachten

Gleich nach dem Aufwachen den Blick auf die Thomaskirche oder den Augustus-platz genießen – das hat schon was. Es ist das einzigartige, städtische Flair, das die Übernachtung im historischen Zentrum so attraktiv macht. Da lässt es sich ver-schmerzen, dass die Gegend nur wenige echte Boutique-Hotels bietet und inter-nationale Ketten den Markt dominieren. Die Lage hier hat natürlich ihren Preis. Wer sparen will: Leipzig ist klein und auch von den umliegenden Stadtteilen ge-langt man schnell und bequem in die City.

€–€€

Arthotel ANA Symphonie Schickes modernes Design-Hotel mitten im Zentrum und daher kurze Wege zu allen Top-Sehenswürdigkeiten. ◼ Hainstr. 21, Tel. 03 41/21 20 31 00, www.ana-hotels.com

Motel One Die Hotelkette mit ein-heitlichem, aber verlässlichem Kom-fort hat auch ein Haus am Augustus-platz. Fast noch schöner schläft man aber direkt an der Nikolaikirche. ◼ Nikolaistr. 21, Tel. 03 41/337 43 70, www.motel-one.com/de

€€

⑦ **Arcona Living Bach 14** Traum-lage direkt vor der Thomaskir-che. Moderne, elegante Zimmer und Mini-Apartments mit musikalischer Note. ◼ Thomaskirchhof 13–14, Tel. 03 41/49 61 40, www.bach14.arcona.de

Adina Apartmenthotel Noch sehr junges, topmodernes Design-Hotel am Brühl. Große, meist mit Küche ausgestattete Zimmer. Entspannen oder trainieren kann man im kleinen Wellness- und Fitnessbereich mit In-nenpool. ◼ Brühl 50, Tel. 03 41/98 98 60, www.adinahotels.com

Fregehaus Allein das Ambiente die-ses Boutique-Hotels – ein subtiler Mix aus modernem Design und altmodi-scher Eleganz – sorgt für Behaglich-keit. Noch wohler fühlt man sich dank des familiären Teams, das seine Gäste sehr zuvorkommend umsorgt. An-geboten werden auch geräumige Apartments. ◼ Katharinenstr. 11, Tel. 03 41/26 39 31 57, www.hotel-fregehaus.de

€€€

Park Hotel Gepflegte Unterkunft in einem prächtigen Art-déco-Altbau mit kleinem Spa und reichhaltigem Frühstück. Perfekte Verkehrsanbin-dung, da direkt am Hauptbahnhof. Achtung: Viele Zimmer mit offenem Bad. ◼ Richard-Wagner-Str. 7, Tel. 03 41/985 20, www.parkhotelleipzig.de

Steigenberger Grandhotel Das Lu-xusquartier im historischen Messe-haus mit 5-Sterne-Komfort, Spa und Wellness liegt direkt am Naschmarkt. ◼ Salzgäßchen 6, Tel. 03 41/350 58 10, www.steigenberger.com/hotels

Abito Suites Sehr edle, geräumige Design-Suiten direkt am Augustus-platz – teilweise in Maisonette-Bauweise. Einchecken muss man allerdings über einen Buchungsauto-maten. Das Frühstück wird ins oder ans Zimmer geliefert. ◼ Grimmaische Str. 16, Tel. 03 41/985 27 88, www.abito.de

Nördlich der Innenstadt

Der Norden bietet neben der hochmodernen neuen Messe viel Grün, Gründerzeitcharme und einen der schönsten Tierparks des Landes

Weitläufige Parkanlagen und begrünte Wohnviertel prägen die Szenerie im Norden und Nordwesten der Messestadt. Lässt man den City-Ring und das Bahnhofsviertel hinter sich, verhallt das Rauschen und Rumpeln der Autos und Trambahnen, und es wird deutlich ruhiger. Nur im Leipziger Zoo, einer der Top-Attraktionen Stadt, kann es an den Wochenenden schon mal turbulent zugehen. Vor den Kassenhäuschen zerren Kinder an Mamas oder Papas Rock- und Jackenzipfel – voller Vorfreude auf das Abenteuerland, das sie gleich betreten werden. Der Tierpark hat sich in den letzten Jahren stark gewandelt. Viele der von langer Hand geplanten Modernisierungsmaßnahmen wurden schon umgesetzt, doch noch immer wird hier gebaggert, gesägt und gehämmert. Mit Spannung warten Zoo-Fans jetzt auf die Eröffnung der Südamerika-Welt. Eine ganz eigene Welt ist auch das Rosental gleich nebenan. Der weiträumige Landschaftspark ist eines der

vielen »grünen Wohnzimmer« der Leipziger und bietet genügend Platz für alle nur erdenklichen Freizeitaktivitäten. Früher wäre hier Joggen und Co., wenn überhaupt, nur mit Gummistiefeln möglich gewesen: Der Park ist Teil des Leipziger Auwaldes, der durch den Zusammenfluss von Elster, Pleiße, Luppe und ihrer Nebenarme entstand, deren Fluten das Gebiet bei Hochwasser jahrhundertelang überschwemmten. Mit Trockenlegungen versuchten die Menschen seit dem Mittelalter, der sumpfigen Wildnis vor ihrer Haustüre Herr zu werden – was auch gelang. Trotzdem ist der Leipziger Auwald bis heute ein natur- und gleichzeitig stadtnahes Biotop, das sich eine große Artenvielfalt bewahren konnte. Folgt man der Waldstraße durchs Rosental westwärts, gelangt man ins beschauliche Gohlis. Der Ort war einst beliebte Sommerfrische wohlhabender Geschäftsleute und Romantiker, die sich hier prunkvolle Villen bauen und ihre Abende in belebten Ausflugslokalen ausklingen ließen. Einige Straßenzüge und auch das Gohliser Schlösschen zeugen vom alten Glanz. Noch weiter nördlich hat sich erst Mitte der 1990er-Jahre die – ursprünglich im Herzen der Stadt gelegene – Leipziger Messe niedergelassen. Einst wichtigster Handelsplatz des Ostblocks, musste sie sich nach dem Mauerfall quasi über Nacht neu erfinden, um im harten Wettbewerb mit der internationalen Konkurrenz zu bestehen.

In diesem Kapitel:

ADAC Top Tipp:

Zoo Leipzig
| Tierpark |

Von Australien bis zum Nordpol: 850 Tierarten aus allen Ecken der Welt lassen hier nicht nur Kinderherzen höher schlagen. 60

ADAC Empfehlungen:

Rosental-Turm
| Aussichtspunkt |

Hoch über dem dichten Blätterdach des Auwalds ist der Blick auf die Messestadt und ihr Umland besonders reizvoll. 63

Drogerie
| Restaurant |

In behaglichem Ambiente wird köstliche Medizin gegen knurrende Mägen verabreicht. 65

Leipziger Buchmesse
| Messe |

Die schönste aller Messen in der traditionellen Buch- und Verlagsstadt vereint Hochkultur mit der puren Lust am Lesen. 67

21 Evangelisch Reformierte Kirche

Charmanter Neorenaissancebau am quirligen City-Ring

■ Tram 1, 3, 4, 7, u. w. Goerdelerring
■ Tröndlinring 7, www.reformiert-leipzig.org, Öffnungszeiten unregelmäßig

Mit ihrem spitzen Turm, dem leuchtendblauen Ziffernblatt der Turmuhr und ihrem reich verzierten Treppengiebel sticht die Evangelisch Reformierte Kirche am nördlichen City-Rings buchstäblich heraus. Sie wurde erst Ende des 19. Jh. im Stil der Neorenaissance gebaut und war neben der Nikolaikirche im Herbst 1989 ebenfalls Schauplatz des friedlichen Widerstands. Am Wendetag, dem 9. Oktober, filmten Amateure heimlich vom Kirchturm aus die Massenproteste auf der Straße. Die bewegenden Aufnahmen gingen um die Welt.

22 Naturkunde-museum

Riesige Tierpräparate und alles über die Artenvielfalt der Region

■ Tram 1, 3, 4, 7, u. w. Goerdelerring
■ Lortzingstr. 3, www.naturkundemuseum.leipzig.de, Dauerausstellung nur Sa, So, Sonderausstellungen: Di–Fr 9–18, Sa, So 10–18, Winter bis 16.30 Uhr, 1 €, bis 18 Jahre frei

Auf vier Stockwerken beleuchtet das Leipziger Naturkundemuseum die Entstehungsgeschichte der Region. Neben fossilen und archäologischen Fundstücken aus der Ur- und Frühzeit gibt es unzählige Exponate, die die heimische Flora und Fauna zum Leben erwecken. Oft werden sie in aufwendigen Dioramen hinter Glas präsentiert. Berühmt ist das Haus für seine Dermoplastiken aus der Werkstatt des niederländischen Tierbildners Herman ter Meer (1871–1934). Wie kein anderer seiner Zunft verstand er es, auch sehr große Tierkörper lebensecht zu konservieren. Voraussichtlich 2020 wird das Museum sein neues Domizil auf dem Spinnereigelände (S. 83) beziehen. Bis dahin kann die Dauerausstellung nur am Wochenenden besichtigt werden. Sonderausstellungen sind aber auch werktags geöffnet.

23 Zoo Leipzig

30.4.19

 Ein Traditionstierpark wandelt sich zum Zoo der Zukunft

■ Tram 12 Zoo, Tram 9, 10, 11 Wilhelm-Liebknecht-Platz
■ Pfaffendorfer Str. 29, www.zoo-leipzig.de, Mai–Sept. tgl. 9–19, Mitte März–April, Okt. 9–18, Nov.–Mitte März 9–17 Uhr, 21 €, 6–16 Jahre 13 €, Familienticket (max. 2 Erwachsene) 51 €

Der Zoo ist ein Liebling der Leipziger – und das seit 1871. Die Parthe durchfließt das 27 ha große Areal, auf dem die Lebensräume von Tieren so naturnah wie möglich nachgebildet sind. In den insgesamt fünf, an die Kontinente angelehnten Themenwelten haben bis heute rund 850 Arten und Unterarten ihr Zuhause gefunden. Und es sollen noch mehr werden. »Zoo der Zukunft« nennt sich das zur Jahrtausendwende ins Leben gerufene Großprojekt, das sich einer modernen, artgerechten Tierhaltung verschrieben hat, aber auch viele bauliche Erweiterungen umfasst. Umsetzen will man den Masterplan bis 2022, etliche Etappenziele wurden aber bereits erreicht. Erst kürzlich eröffnete im Asien-Areal die neue Gebirgslandschaft »Himalaya«, in die auch die putzigen, sehr selten gewordenen Roten Pandas einziehen durften. Parallel arbeitet man am Südrand des Tierparks mit Hochdruck an der Fertigstellung des Südamerika-Areals, das voraussichtlich 2018 seine Pforten öffnet. Bereits seit 2011 kann man im riesigen »Gondwanaland« schwitzen und staunen. Eine futuristische, gewölbte Konstruktion aus Stahl und Glas überspannt die subtropische Halle. Im feuchtwarmen, künstlich erzeugten Regenwaldklima gedeihen Palmen, Lianen, exotische Früchte und Gewürze. Mittendrin leben Totenkopfäffchen, aber auch Komodowarane und Ozelots. Sogar

ein Fluss schlängelt sich durch die Anlage, auf dem man gegen Aufpreis (1,50 €, Kinder 1 €) eine Bootstour buchen kann. Sehr beliebt ist auch das »Pongoland« – das mit 30 000 m² Fläche größte Affengehege der Welt. Es wird gemeinsam mit dem Max-Planck-Institut für Evolutionäre Anthropologie betrieben, dessen Mitarbeiter hier aus nächster Nähe forschen können. Für den Zoobesuch sollte man mindestens drei bis vier Stunden einplanen.

 Sehenswert

Kongreßhalle

| Historisches Bauwerk |
Gleich neben dem Zoo fällt die wuchtige Kongreßhalle mit ihrem 50 m hohen Turm auf. Sie wurde Ende des 19. Jh. errichtet und war damals Leip-

Vorsicht: Die süßen Totenkopfäffchen im »Gondwanaland« lieben Schabernack!

zigs größter Versammlungsraum. In den Jahrzehnten nach dem Zweiten Weltkrieg diente die Halle bis zur Fertigstellung des neuen Gewandhauses 1981 dem Gewandhausorchester als provisorischer Konzertsaal. Nach langem Leerstand wurde der Bau zur Jahrtausendwende grundlegend saniert und wird seit 2015 wieder für Events und Messen genutzt.

■ www.kongresshalle-leipzig.com

Parken

Vom Zoo-Parkhaus mit fast 1400 Stellplätzen sind es nur wenige Schritte zu den Tiergehegen. ■ Parthenstr. 8, tgl. 7–23 Uhr 1 €/Std., 6 €/Tag

Die hübsche Kongreßhalle markiert den Eingang zum Leipziger Zoo

ADAC *Spartipp*

Drei Stunden vor Schließung bietet der **Zoo** deutlich günstigere Abendkarten an. Der Ticket-Preis für Erwachsene reduziert sich von 21 auf 15 €, der für Kinder (bis 16 Jahre) von 13 auf 11 € und Familien zahlen 31 € (regulär 51 €). Übrigens: In den frühen Abendstunden zeigt sich der Zoo im schönsten Licht und viele Tiere erwachen aus ihrem Mittagsschlaf.

Restaurants

€–€€ | **Trattoria Aurelia** Behaglicher Italiener am Parthe-Ufer. Neben Pizza, Pasta und Risotto werden auch Fisch, Rind- und Lammspezialitäten zubereitet. Reservierung empfohlen – vor allem die Terrasse am Fluss ist im Sommer begehrt. ■ Pfaffendorfer Str. 26, Tel. 03 41/58 32 82 94, www.trattoria-aurelia.de, Mi–Mo 11–23 Uhr

Kinder

Im **Leipziger Zoo** werden Kinder oft richtig zappelig, so viele Attraktionen bietet er ihnen: Überall laden Schaukästen und Lernspiele zum Drücken, Riechen, Drehen und Gucken ein. Auch der Streichelzoo und die vielen unterschiedlichen Spielplätze sind beliebt. Spaß machen auch die Entdeckertouren der Zoolotsen, etwa durchs »Gondwanaland« (120 Min., ab 8 Jahre, 5 €), bei der Kinder spielerisch den Regenwald erforschen. Eltern mit kleinen Kindern können am Eingang Buggys und Bollerwagen ausleihen (2,50 €/Tag, Kaution 10 €), zudem gibt es mehrere Wickel-Stationen.

24 Rosental

Grüne Oase der Superlative mit nahtlosem Übergang zum Auwald

■ Tram 12 Lortzingstr.

Das Rosental ist eigentlich Teil des nördlichen Leipziger Auwaldes. Anfang des 18. Jh. ließ Kurfürst August der Starke das rund 120 ha große, sumpfige Areal roden, um sich dort eine Residenz zu errichten. Sogar sternförmige Sichtachsen wurden in alle Himmelsrichtungen angelegt. Doch das Prestigeprojekt wurde nie realisiert. Die heutige Gestaltung des Rosentals im englischen Stil nahm ab 1837 der Leipziger Ratsgärtner Rudolf Siebeck vor. Im Zentrum der Grünanlage erstreckt sich die endlos weite Große Wiese, auf der sich im Sommer Studenten in der Sonne aalen und Fußball spielen oder Familien ihre Picknickdecken ausbreiten. Die angrenzenden Auwälder kann man auf vielen Wegen und verschlungenen Trampelpfaden erkunden.

 Sehenswert

Rosental-Turm
| Aussichtspunkt |

⑧ *Vorsicht, der wackelt! Der etwas andere Blick auf die Stadt*

Jenseits der Waldstraße im Nordwesten geht das Rosental in immer dichteren Auwald über. Nach kurzem Fußmarsch entlang der Parthe erreicht man den Ende des 19. Jh. aufgeschütteten Rosental-Hügel. Von der 20 m hohen Aussichtsplattform des »Wackelturms« (1975) auf seinem Gipfel genießt man einen fantastischen Fernblick über grüne Wipfel auf die

Stadtsilhouette, hinter der weit in der Ferne das Völkerschlachtdenkmal hervorblitzt.

 Kinder

Zooschaufenster Einen kostenlosen Blick in den benachbarten Tierpark ermöglicht das »Zooschaufenster« im Rosental – an der Nordseite der Großen Wiese. Mit etwas Glück sieht man Giraffen oder Antilopen, die sich hinter dem Wassergraben im Afrika-Areal des Zoos tummeln.

ADAC *Mobil*

Nach **Regenfällen** sind die Pfade in den Waldstücken rund ums **Rosental** auch im Sommer häufig schlammig. Radtouren, etwa zum Rosental-Turm, werden da schnell zur Rutschpartie. Spaziergänger sollten festes Schuhwerk tragen.

25 Gohlis

Ein Schloss und viel Gründerzeit-Flair im Norden der Stadt

■ Tram 4 Menckestr., Tram 12 Fritz-Seger-Str.

Prachtbauten der Gründerzeit prägen das Bild des Stadtteils Gohlis im Norden Leipzigs. Zum gefragten Wohnort avancierte die einst selbstständige Gemeinde um 1800. Damals boomte die Wirtschaft und der Geist der Romantik verklärte das Landleben. Reiche Leipziger ließen sich hier am Stadtrand noble Villen bauen, unternahmen Kutschausflüge oder Spaziergänge und besuchten die vielen Ausflugslokale. Den Bummel durchs

Viertel startet man am besten in der Menckestraße oder Gohliser Straße. Von hier erstreckt sich der Stadtteil aber noch deutlich weiter nordwärts.

Gohliser Schlösschen
| Historisches Bauwerk |
Zwischen Menckestraße und Poetenweg ließ sich der Leipziger Ratsbaumeister Johann Caspar Richter Mitte des 18. Jh. ein feudales Lustschloss als Sommerresidenz errichten. Es gilt als eines der bedeutendsten sächsischen Bauwerke aus der Zeit des Rokoko. Sehenswert sind vor allem der reich verzierte Schlossturm, der hübsche Schlossgarten an der Südseite sowie

der Festsaal im Obergeschoss mit Wand- und Deckenmalereien von Adam Friedrich Oeser (18. Jh.). Im Ostgewölbe des Baus befindet sich ein Café-Restaurant mit Freisitz. Es finden regelmäßig Konzerte, Theateraufführungen und Ausstellungen statt.

■ Menckestr. 23, www.gohliser-schloss.de, Führungen So 11, Mai–Okt. auch Mi 15 Uhr

Schillerhaus
| Museum |
Das heutige Schillerhaus an der Menckestraße war Anfang des 18. Jh. ein Bauernhof. Im ersten Stock quartierte sich 1785 während der Sommermona-

Glänzende Perle des sächsischen Rokokos – das Gohliser Schlösschen

te Friedrich Schiller (1759–1805) ein. In dieser Zeit entstand angeblich eine erste Fassung der berühmten Ode »An die Freude«, die Ludwig van Beethoven später in seiner 9. Sinfonie vertonte. Auch arbeitete Schiller hier an seinem »Don Carlos« weiter. Eine kleine Ausstellung zeigt die damalige Wohnstube des Dichters und widmet sich seiner literarischen Arbeit – vor allem aber der Zeit, in der der Dichter lebte. Hinter dem Häuschen erstreckt sich ein hübscher Bauerngarten.

■ Menckestr. 42, www.stadtgeschichtliches-museum-leipzig.de, April–Okt. Di–So 10–17, Nov.–März Mi–So 11–16 Uhr, 3 €, bis 18 Jahre frei

ADAC *Wussten Sie schon?*

Zu den Stammgästen der Gosenschenke »Ohne Bedenken« in Gohlis zählte vor der Wende auch der heutige russische Präsident **Wladimir Putin**, der in den 1980er-Jahren in der DDR für die sowjetische Regierung arbeitete.

 ## Restaurants

€€ | **Ohne Bedenken** In Gohlis trinkt man Gose. In der berühmten Gosenschenke »Ohne Bedenken« wird das spritzige, obergärige Bier sogar schon seit über 100 Jahren serviert – im dunkel getäfelten Gastraum oder im gemütlichen Freisitz. ■ Menckestr. 5, Tel. 0341/566 23 60, www.gosenschenke.de, Sommer tgl. ab 12, Winter Mo–Fr ab 16, Sa, So ab 12 Uhr

⑨ €€–€€€ | **Drogerie** Wo vor noch nicht allzu langer Zeit Creme und Waschmittel verkauft wurden, befindet sich jetzt ein kleiner, sympathischer Gourmet-Tempel, in dem exquisite Mittelmeerküche und ausgewählte Weine serviert werden. Das Gebäude stammt aus dem frühen 19. Jh. und wurde in den 1930er-Jahren zur Drogerie umgestaltet. ■ Schillerweg 36, Tel. 0341/22 28 64 66, www.drogerie-leipzig.net, Mo–Sa 18–24 Uhr

 ## Einkaufen

Steinbach Keramik Tassen, Schüsseln, Kannen, Fliesen – alles mit Liebe und von Hand modelliert, gebrannt und bemalt. Einzigartig sind die bunten, kunstvoll geformten Tierköpfe aus Keramik. ■ Menckestr. 44, www.keramik-steinbach.de, Mo–Fr 10–18 Uhr

Die elegante Seite des Nördlichen Auwalds bei Schloss Lützschena

26 Nördlicher Auwald

Urwüchsige Natur kann man hier mitten in der Großstadt genießen

▦ Tram 11 Lützschena
▦ Auwaldstation Leipzig, Schlossweg 9, www.auwaldstation.de, Di–Fr 9–16, Sa, So, Fei 12–18 (Sommer) bzw. 10–16 Uhr (Winter)

Entlang Weißer Elster, Luppe, Nahle und Pleiße dehnen sich sowohl in nordwestlicher als auch in südlicher Richtung die breiten Grüngürtel des Leipziger Auwalds aus. Über eine Länge von rund 30 km bildet er ein ganz besonderes, innerstädtisches Biotop, in dem sich von Bärlauch bis zur seltenen Rotbauchunke viele Tiere und Pflanzen wohlfühlen. Rund 100 Vogelarten brüten hier, von den unzähligen Insekten ganz zu schweigen. Auch die Menschen genießen im knapp 6000 ha großen Landschaftsschutzgebiet die frische Luft. Ein gut ausgeschildertes Wegenetz, das man am besten mit dem Fahrrad erkundet, führt zu Wiesen und Lichtungen ebenso wie zu Lokalen, Wildgehegen und kleinen Teichen. Einen informativen Start ins Grüne garantiert die Auwaldstation, die auch Exkursionen (ab 5 €) anbietet.

P Parken

Direkt an der Auwaldstation gibt es keine Parkplätze. Autos können am Schloss Lützschena am Ende des Schloßwegs abgestellt werden.

Kinder

Parkeisenbahn am Auensee Baden verboten, heißt es am Auensee im Stadtteil Wahren. Macht nichts, denn rund ums Ufer zuckelt an schönen Tagen die Mini-Parkeisenbahn – mit jauchzenden Kindern an Bord.
▦ Gustav-Esche-Str. 8, www.parkeisenbahn-auensee-leipzig.de, Mitte April–Okt., Di–Sa 14–17, So, Fei 10–17 Uhr, 3 €, 3–13 Jahre 1,60 €, Familien 8 €

ADAC *Mittendrin*

Beim **Tag des offenen Denkmals** (2. So im Sept.) kann man in der ganzen Stadt Architekturschätze entdecken, die Touristen sonst nicht zu Gesicht bekommen, z. B. das herrliche, aber immer noch marode Leipziger Stadtbad (1916) – ein Juwel des Jugendstils. *Eutritzscher Straße 21, www.herz-leipzig.de*

27 Leipziger Messe

*Nach 500 Jahren setzte Leipzig seine
Messe einfach vor die Tür*

■ Tram 16 Messegelände, S-Bahn S1–S5
Leipzig Messe
■ Messeallee 1, www.leipziger-messe.de

Anfang der 1990er-Jahre entstand anstelle eines ehemaligen Flughafens im Norden Leipzigs das neue Messegelände, 1996 wurde es eingeweiht. 70 000 m² Terrain im Freien und fünf Hallen mit insgesamt mehr als 100 000 m² Ausstellungsfläche gruppieren sich um die zentrale tunnelförmige Eingangshalle. Das schwerelos anmutende, 243 m lange, 80 m breite und fast 30 m hohe Stahl-Glas-Gewölbe spiegelt sich im dekorativen Wasserbecken vor seinen Pforten. Zahlreiche Künstler haben mit ihren Werken und Entwürfe am Neubau mitgewirkt. Das Wahrzeichen der Messe, ein großes Doppel-M für Mustermesse, prangt von Weitem sichtbar auf dem 85 m hohen Gerüst des Messeturms. Mittlerweile besuchen ca. 1,2 Mio. Besucher jährlich die 35 Messen und Ausstellungen sowie fast 200 Kongresse und Events.

🎈 Events

 Leipziger Buchmesse Unumstrittener Publikumsliebling unter den Messe-Events der Stadt ist die traditionsreiche Leipziger Buchmesse Mitte März, die nicht nur Branchenprofis, sondern vor allem große und kleine Leseratten anspricht. Das Messehighlight bietet ein riesiges Rahmenprogramm – mit Lesungen, aber auch Theater und Musik. ■ www.leipziger-messe.de

Im Blickpunkt

Vom Marktplatz zur Mustermesse

Waren aus aller Welt wurde in Leipzig schon seit dem Mittelalter feilgeboten. Sie kamen aus allen Himmelsrichtungen über die Handelsstraßen Via Regia und Via Imperii, die sich im heutigen Stadtgebiet kreuzten. Als Geburtsstunde der Messe gilt das Jahr 1165. Damals verlieh Markgraf Otto der Reiche von Meißen (1125–90) Leipzig das Stadt- und Marktrecht, das später mit strengen Regeln untermauert wurde. So war es verboten, im Umkreis von 15 km andere Jahrmärkte abzuhalten. Zudem wurden Kaufleute verpflichtet, ihre Waren mindestens drei Tage lang in Leipzig anzubieten, auch wenn sie nur auf Durchreise waren. So mauserte sich die Stadt vom Handelsplatz zur Reichsmesse – die viel später als Warenmesse bezeichnet wurde, um sie von der Ära der Mustermesse abzugrenzen. Letztere erhielt ihren Namen, als Produkte nicht mehr von Hand, sondern zunehmend in Serie hergestellt und in schillernden Messepalästen ausgestellt wurden. Professionelle Einkäufer entschieden fortan anhand eines einzigen, aussagekräftigen Musters, ob sie größere Stückzahlen ordern wollten. Bis 1920 entstanden in der Innenstadt über 60 repräsentative Mustermesse-Häuser, durch die man Besucher auf einem Rundgang durch alle Abteilungen lotste.

Am Abend

Mit Zentrum oder Süd-Kiez kann der Norden in puncto Kultur- und Nachtleben natürlich nicht mithalten. Dennoch gibt es einige interessante Bühnen – vor allem für Fans von Livemusik. Die traditionsreiche wie erfrischende, obergärige Gose lässt man sich am besten an einem Sommerabend in einem der Gohliser Biergärten schmecken.

 Bühne

Gohliser Schlösschen Theateraufführungen haben im Kulturkalender des Gohliser Schlösschens ihren festen Platz. Im Sommer gibt's auch Programm unter freiem Himmel. ■ Menckestr. 23, Tram 4 Menckestr., S-Bahn Leipzig-Gohlis, www.gohliser-schloss.de, Tickets: Tel. 03 41/33 17 36 33 oder Theaterkasse (Sommertheater)

 Konzert

Gohliser Schlösschen In den prunkvollen Räumen des Rokoko-Palais werden am Wochenende Klassikkonzerte und kleine Opern aufgeführt. ■ Menckestr. 23, www.gohliser-schloss.de (Termine siehe Kunst & Kultur), Tickets: Tel. 03 41/33 17 36 33 oder online

Parkbühne GeyserHaus Auf der Open-Air-Bühne des Kulturzentrums, umringt von sattem Grün, gibt's im Sommer Jazz, Rock, Indie und Chansons. Mit Verpflegung, Freisitz und Kinderspielplatz. ■ Kleiststr. 52, Tram 12 Gottschallstr., S-Bahn Leipzig-Gohlis, Tel. 03 41/911 54 30, www.geyserhaus.de, Tickets online und VVK-Stellen

Haus Auensee Beliebte Konzerthalle am Auensee. Die Bühne teilen sich legendäre Bands und angesagte Popstars wie Toto, OMD oder Mark Forster mit Kabarettisten und Comedians. ■ Gustav-Esche-Str. 4, Tram 10, 11, S-Bahn Wahren, www.haus-auensee-leipzig.de, Tickets online und VVK-Stellen

 Kneipen, Bars und Clubs

Biergarten mit Ginkgobaum Uriger Freisitz und Kiez-Treff am schönen Heinrich-Budde-Haus. ■ Lützowstr. 19, Tram 12 S-Bahnhof Gohlis, S-Bahn Gohlis, www.biergarten-mit-ginkgobaum.de, im Sommer tgl. ab 12 Uhr

Vinothek 1770 Moderne Weinbar im Hotel Fürstenhof. ■ Tröndlinring 8, Tram 1, 3, 4, 7, u. w. Goerdelerring, S-Bahn Hauptbahnhof, Tel. 03 41/14 00, www.vinothek-1770.de, tgl. ab 12 Uhr

Champions American Sportsbar Bei Bier oder Cocktail kann man in ausgelassener Stimmung sein Lieblingsfußballteam anfeuern. ■ Brühl 33 (im Marriott Hotel), Tram 1, 3, 4, 7, u. w. und S-Bahn Hauptbahnhof, Tel. 03 41/965 38 00, Mo–Fr 18–1, Sa, So 15–1 Uhr

Falco Bar & Lounge Das Westin ist berühmt für sein Gourmet-Restaurant Falco. An der langen, schimmernden Bar kann man bei einem Cocktail den fantastischen Ausblick über die Stadt genießen. ■ Gerberstr. 15, Tram 1, 3, 4, 7, u. w. Goerdelerring, S-Bahn Hauptbahnhof, Tel. 03 41/988 27 27, www.falco-leipzig.de, Di–Sa, ab 18 Uhr

Übernachten

Während rund um den Bahnhof noch große Hotel-Ketten um Reisende buhlen, dominieren weiter nördlich kleinere und günstigere Pensionen und Apartmenthäuser. Letztere liegen im Trend und verbinden den Komfort eines Hotels mit der Flexibilität einer Ferienwohnung. Vor Ort gibt es aber meist keine Rezeption, man zahlt oft bar und checkt über Code-Schlösser ein.

€

Pension Leipzig Gepflegte, zweckmäßig eingerichtete Pension, die mit zentraler Lage ganz in der Nähe des Zoos und gutem Preis-Leistungsverhältnis punktet. Größeren Gruppen bietet das Haus auch eine komplette Ferienwohnung ■ Nordstr. 58, Tel. 03 41/24 77 72 12, www.pension leipzig.one

€–€€

Mercure Hotel Art Komfortables Mittelklassehotel nördlich des Bahnhofs. Reichhaltiges Frühstück. Das Zentrum ist noch gut zu Fuß erreichbar. ■ Eutritzscher Str. 15, Tel. 03 41/30 38 40, www.mercure.com/de

Studio 44 Wohnlich-modern eingerichtete Apartments mit Küche im gesamten Stadtgebiet. Das Studio Lumumba liegt sehr ruhig am Nordplatz gleich hinter dem Zoo. Fahrräder inklusive. Zahlung per Überweisung oder Kreditkarte. ■ Lumumbastr. 2, Tel. 01 72/446 64 84, www.studio44-apartments.com

€€€

Fürstenhof Älteste Leipziger Luxusherberge mit 90 Zimmern, zehn Suiten und großem Wellness-Bereich. Hier kann man Besichtigungs- und Wohlfühlprogramm kombinieren. ■ Tröndlinring 8, Tel. 03 41/14 00, www.hotelfuerstenhofleipzig.com

ADAC *Das besondere Hotel*

Das **Westin** am Hauptbahnhof ist ein Klassiker. Warum? Der Bau war zu DDR-Zeiten von Erich Honecker persönlich beauftragt und als Luxus-Interhotel Merkur errichtet worden. Zur Jahrtausendwende wurde das Haus von Westin übernommen und an die Standards der Kette angepasst. Viel Nostalgie weht aber noch immer durch die Lobby.
€€ | Westin, Gerberstr. 15, Tel. 03 41/ 98 80, www.westin-leipzig.de

Attraktionen im Westen

Zwischen Industriekultur und alternativer Szene: Der Wandel von Leipzig zu »Hypezig« vollzog sich vor allem im Westen der Stadt

Mit Weitblick und voller Tatendrang erschloss Industriepionier und Rechtsanwalt Karl Heine ab 1850 große Areale im Leipziger Westen zwischen den Dörfern Plagwitz und Lindenau. Sümpfe wurden entwässert, Bahngleise verlegt, Kanäle, Brücken und Straßen gebaut oder erweitert. In der Folge entstand eines der damals größten und modernsten Industrieviertel Deutschlands mit unzähligen Fabriken, deren Schlote bis zum Kollaps der DDR-Wirtschaft qualmend in den Himmel ragten. Nach der Wende strauchelte die Gegend, erlebte dann jedoch eine exotische Blüte: Links und rechts des Karl-Heine-Kanals quartierten sich Künstler, Querdenker, Jungunternehmer und Glücksritter in die leerstehenden, teilweise riesigen Fabrikhallen ein und machten das Viertel zu ihrer neuen Spielwiese. Was hier plötzlich entstand und Fahrt aufnahm, sprach sich in der ganzen Republik herum: Als »The better Berlin« wurde Plagwitz mitsamt Messestadt getauft,

was noch mehr Kreative in den Kiez lockte – aber eben auch Investoren und Bürger anderer Stadtteile, die hier einfach gut und preiswert wohnen wollten. In der Tat bietet der Leipziger Westen eine hohe Lebensqualität: Der Karl-Heine-Kanal hat sich vom schmutzigen Rinnsal zum romantischen Flüsschen und Freizeitparadies für Radler und Spaziergänger gemausert, der Leipziger Stadthafen zum neuen Drehkreuz für alle, die die schöne neue Wasserwelt mit dem Boot erkunden wollen. Die Alte Baumwollspinnerei versprüht zwar noch alternatives Flair, ist jedoch mittlerweile ein professionell gemanagtes, weltweit aktives Kunstzentrum. Im Stadtteil Lindenau haben sich zahlreiche Theater angesiedelt, und entlang der Karl-Heine-Straße sorgen Cafés, Restaurants und Boutiquen für Kurzweil und Genuss. Wer hier schon länger lebt, beobachtet die Entwicklung mit Sorge. Seit Jahren steigen die Mieten, alte Industriebauten werden geräumt und luxussaniert. Viele Künstler suchen jetzt in den östlichen Vorstädten ihr Glück. Wie es in Plagwitz vielleicht bald aussehen könnte, sieht man im zentrumsnahen Schauspielviertel jenseits der Elster. Vor allem in der Gottschedstraße wurden Studentenkneipen von schicken Szene-Bars abgelöst, und das angrenzende Waldstraßenviertel mit seinen attraktiven Gründerzeitbauten erlebte schon Mitte der 1990er-Jahre einen Gentrifizierungsschub.

In diesem Kapitel:

ADAC Top Tipp:

Leipziger Stadthafen
| Bootsanleger |
Hier finden alle Hobbykapitäne den
passenden, schwimmenden Unter-
satz, um Leipzigs faszinierende Wasserstraßen zu erkunden. 76

ADAC Empfehlungen:

Café Luise
| Café |
Ob Pancakes oder rustikales Frühstück: Das Café Luise macht morgens
satt und glücklich – und das inmitten

der reizvollen Kulisse des Schau-
spielviertels. 73

Alte Baumwollspinnerei
| Kulturzentrum |
Wie Phoenix aus der Asche ist ein
Kunstzentrum von internationalem
Rang entstanden. 83

Löffel & Co.
| Restaurant |
Frische, raffinierte Küche und einla-
dend-bodenständiges Flair: Nur bei
Muttern fühlt man sich am Esstisch
wohler. 84

Leipziger Wasserfest
| Veranstaltung |
Eine Liebeserklärung der Stadt an ihre
Flüssen, Kanäle und Seen – mit viel
Musik, Wettkämpfen und vor allem
Stimmung! 85

White Monkey
| Bar |
Leckere Longdrinks und Cocktails, die
zur Happy Hour auch noch günstig
sind. Das Flair einer Großstadtbar
gibt's gratis dazu. 87

Mal modern, mal klassisch – immer Publikumsmagnet: das Schauspielhaus

28 Schauspielviertel

Treffpunkt mondäner Nachtschwärmer und Theaterfreunde

■ Tram 9 Thomaskirche, Tram 1, 14 Gottschedstr.
■ Gottschedstr., Bosestr., Otto-Schill-Str.

Sein Name ist etwas irreführend, denn im Schauspielviertel, das sich westlich der Innenstadt zwischen Dittrichring und Käthe-Kollwitz-Straße ausdehnt, gibt es nur ein einziges Theater – das Leipziger Schauspielhaus in der Bosestraße (S. 86). Mit 670 Plätzen und weiteren Spielstätten unter gleichem Dach ist es jedoch die größte unter den Leipziger Sprechbühnen. Vorgängerbau war Anfang des 20. Jh. das noch eindrucksvollere Leipziger Centraltheater, ein Varieté- und später

Operettenhaus, das 1600 Zuschauern Platz bot. Wie fast alle bedeutenden Bühnen im Umkreis wurde es im Zweiten Weltkrieg stark beschädigt. Eine Komplettrenovierung wurde jedoch erst zu DDR-Zeiten in Angriff genommen. Ende der 1950er-Jahre erstrahlte das Haus dann in neuer, sozialistischer Pracht. Inszeniert wurden vor allem klassische Stücke; erst nach der Wende reüssierte das Schauspiel Leipzig auch mit modernen Gegenwartsdramen und einer progressiven Nachwuchsförderung. Viele, die es in diese Ecke der Stadt zieht, kümmert das alles wenig. Das Schauspielviertel ist heute vor allem eine Bühne für Genießer und Nachteulen, die hier durch die Bars ziehen oder neueste Trend-Restaurants ausprobieren wollen. Besonders im Sommer laden viele Freisitze zum Verweilen ein.

Sehenswert

Gottschedstraße
| Flaniermeile |

Noch immer haftet Patina an den eindrucksvollen Fassaden der historischen Gründerzeithäuser links und rechts der Gottschedstraße. Es war die ideale Mischung aus (West-)Vorstadtcharme und zentraler Lage, die das Quartier Mitte der 1990er-Jahre für Nachtschwärmer attraktiv machte. Zwanglose Studentenkneipen leisteten damals Pionierarbeit. Auf sie folgten nach und nach auch schickere Bars, Cafés und Restaurants, die vom Schauspielpublikum dankbar angenommen wurden. Heute vermischen sich hier an den Wochenenden Theaterfreunde mit Touristen, Studenten und anderen Leipzigern, die gut essen gehen oder einen Cocktail genießen wollen. Lokalitäten gibt es in allen Preisklassen und für jeden Geschmack.

Bronzene Stühle
| Denkmal |

Wo Gottsched- und Zentralstraße aufeinandertreffen, erinnert ein markantes Mahnmal an das Leid der jüdischen Bevölkerung vor und während des Zweiten Weltkriegs. Bis zu den Novemberpogromen 1938 stand an dieser Stelle Leipzigs Große Gemeindesynagoge (1855). Ihren einstigen Grundriss formt seit 2001 ein Betonsockel nach, auf dem 140 verwaiste Bronzestühle stehen – als Symbol für die Leere, die die Vernichtung der Juden im Leben der Stadt hinterlassen hat.

Kunsthalle der Sparkasse
| Ausstellung |

Die kleine, feine Kunsthalle am Pleißemühlgraben rückt vor allem junge, experimentierfreudige Künstler der Stadt in den Fokus. Die eigene Sammlung umfasst zahlreiche Werke der Leipziger Schule mit 3000 Exponaten von 150 Künstlern.
■ Otto-Schill-Str. 4a, www.kunsthalle-sparkasse.de, Mi 12–20, Do–So, Fei 10–18 Uhr, 5 €

 Parken

Das Parkhaus in der Otto-Schill-Straße bietet 390 Stellplätze und günstige Preise. ■ Otto-Schill-Str. 3–5, tgl. 0–24 Uhr, 1 €/Std., 5 €/Tag

 Restaurants

€ | La Casa Präsenter Service, saftige Pizzen und viel italienisches Flair. Für alle, die etwas abseits des Rummels in der Gottschedstraße gemütlich und zwanglos essen wollen.■ Gottschedstr. 22, Tel. 03 41/22 22 44 33, www.lacasa-leipzig.de, Mo–Sa 11–14.30, 17.30–23 Uhr, So 17.30–23 Uhr

€€ | Barcelona Beliebte, quirlige Tapas-Bar mit angenehmem Freisitz im Hinterhof. Reservierung empfohlen. ■ Gottschedstr. 12, Tel. 03 41/212 61 28, tgl. ab 17 Uhr

€€ | Sappho Griechisch-mediterrane Spezialitäten, mit Liebe zubereitet und serviert. Sehr familienfreundlich.■ Reichelstr. 1, Tel. 03 41/529 14 10, www.sappho-leipzig.de, Di–So 11.30–14.30, 17–22 Uhr

 Cafés

(11) **Café Luise** Drinnen wie draußen sympathisches Frühstückscafé. Nicht ganz billig, dafür sind aber die Müsliportionen riesig. ■ Bosestr. 4, Tel. 03 41/961 14 88, www.luise-leipzig.de, tgl. ab 9 Uhr

ADAC *Wussten Sie schon?*

In der heutigen Gottschedstraße 25 kam SED-Spitzenpolitiker **Walter Ulbricht** (1893–1973) zur Welt. Von ihm stammt der legendäre Satz »Niemand hat die Absicht, eine Mauer zu errichten!«, mit dem er kurz vor Abriegelung der deutsch-deutschen Grenze die Presse beschwichtigte.

Tunichtgut Noch ein Geheimtipp im Quartier: Leckere Kuchen, selbst gebackenes Brot, kreative Snacks und Wohlfühl-Ambiente mit alternativem Flair. ■ Kolonnadenstr. 5–7, Tel. 0341/26 39 52 68, Mo–Sa 9–23, So 11–18 Uhr

1.5.19

29 Waldstraßenviertel

Glänzendes Paradebeispiel früher bürgerlicher Wohnkultur

■ Tram 3, 4, 7, 15 Leibnitzstr., Waldplatz
■ Jahnallee, Waldstr., Liviastr., Rosentalgasse, Führungen 2 x/Monat, siehe www.waldstrassenviertel.de, 7 €

Bis zum Holocaust lebten zahlreiche jüdische Familien und Geschäftsleute in dieser Gegend, die deshalb auch »Neu-Jerusalem« genannt wurde. Viele von ihnen verdienten ihren Lebensunterhalt in der Pelzbranche und arbeiteten am Leipziger Brühl (S. 52). Bei einem Spaziergang kann man ihre einst herrschaftlichen Domizile bestaunen. Doch auch (angehende) Künstler fühlten sich im Waldstraßenviertel wohl. Der Maler Max Beckmann (1884–1915) lebte als Kind einige Jahre in der Rosentalgasse 12. Nicht weit entfernt, in der Gustav-Adolf-Straße,

wohnte der österreichische Komponist Gustav Mahler (1860–1911) und schuf hier Teile seiner ersten und zweiten Sinfonie. Von 1886–88 arbeitete er als musikalischer Leiter an der Leipziger Oper. Wer jetzt auf den Geschmack gekommen ist: Noch mehr fantastische Gründerzeitarchitektur gibt es an der Funkenburg- und Tschaikowskistraße, in der Liviastraße am Elstermühlgraben sowie in der Humboldtstraße. Und wenn zwischendurch der Magen knurrt: Weiter südlich, an der Jahnallee, finden sich Bäckereien, Cafés und etliche Restaurants auch mit Freisitz.

Cafés

Fleischerei Im gemütlichen Retro-Ambiente einer ehemaligen Fleischerei kann man Kaffee, Kuchen und Snacks genießen – auch vegetarisch. ■ Jahnallee 23, Tel. 0341/96 25 78 48, Mo–Fr ab 9, So ab 10 Uhr

Einkaufen

La Chocolaterie Isabelle Léonard und Alexandra Picouays lieben Schokolade. Sehr zur Freude ihrer Kundschaft, die ihre hausgemachten Trüffel, Tartes, Macarons und Coulants hier in der Waldstraße kaufen und genießen dürfen. ■ Waldstr. 12, www.la-chocolaterie.de, Di–Fr 12–18, Sa 10–18 Uhr

Gefällt Ihnen das?

Lust auf noch mehr Gründerzeitbauten? Dann sollten Sie sich im **Musikviertel** (S. 91) umsehen. Dank der vielen Studenten herrscht dort in den Straßen ein buntes Treiben.

Die historischen Lauben sind pittoresker Höhepunkt des Kleingärtnermuseums

30 Deutsches Klein- gärtnermuseum

Vom Naturspielplatz zum parzellierten Paradies für Laubenpieper

■ Tram 3, 4, 7, 8, 15 Waldplatz
■ Aachener Str. 7, www.kleingarten- museum.de, Di–Do 10–16, Juni–Aug. auch Sa, So 10–17 Uhr, 4 €, bis 16 Jahre frei

Auf einen verbreiteten Irrtum sei vor- ab gleich hingewiesen: Moritz Schre- ber (1808–61) war nicht Urvater aller »Laubenpieper«, zumindest nicht im Geiste. Dem Leipziger Orthopäden lagen weder Ringelblumen noch Radieschen am Herzen, sondern das Wohl von Arbeiterkindern. Während der Industrialisierung wuchsen sie häufig in engen Mietskasernen auf. Schreber war überzeugt, dass ihnen das nicht guttut und forderte mehr Freiflächen im Grünen, auf denen sie spielen und Sport treiben können. Erst nach seinem Tod gründete sein Mit- streiter, der Schuldirektor Ernst Inno- zenz Hauschild (1808–66), den Schre- berverein, der diese Idee in die Tat umsetzte: Auf dem Areal, das 1876 in der Westvorstadt entstand, wurden auch Beete angelegt, an denen sich Kinder als Gärtner probieren konnten. Später übernahmen Vereinsmitglieder die Parzellen, erweiterten sie – und die Schrebergärten waren geboren. Das kleine Museum im denkmalgeschütz- ten Vereinshaus (1896) mit spitzem Uhrturm erinnert an diese Ursprünge und zeigt neben historischen Garten- geräten auch das Innenleben einer Laube aus damaliger Zeit. Im Schau-

Im Blickpunkt

Als in Leipzig die Mühlen klapperten

Vor allem im Westen der Stadt wurden ab dem Mittelalter zahlreiche Wassermühlen gebaut. Dabei machten die Leipziger eine Not zur Tugend: Die großen Wassermengen, die immer wieder die Flussauen von Pleiße und Weißer Elster überfluteten, wurden in Gräben abgeleitet und ihre Kraft wurde zum Antrieb der Mühlräder genutzt. In den Getreidemühlen verarbeitete man Korn zu Mehl oder Öl, andere Mühlen dienten als Energiequelle für den Antrieb von Maschinen, Sägewerken und anderen Produktionsanlagen – bis ins 19. Jh. war Wasser der größte Energielieferant. Keine der Leipziger Wassermühlen existiert heute noch, die meisten von ihnen wurden Ende des 19. Jh. abgerissen und mussten anderen Bauten weichen. An ihre Geschichte erinnern vor allem die Namen der Stadtkanäle wie etwa der Pleißemühl- oder Elstermühlgraben. Von der Angermühle im Waldstraßenviertel (Jacobstraße 1) ist nur noch eine Mühltafel aus dem frühen 18. Jh. erhalten, am Pleißemühlgraben nahe dem Bundesverwaltungsgericht dreht sich seit einigen Jahren ein modernes Wasserrad in Gedenken an die Nonnenmühle, die sich einst hier befand. Anders als in der Stadt können im Leipziger Umland noch zahlreiche Wasser- und auch Windmühlen besucht und besichtigt werden.

garten sind historische Laubentypen in natura ausgestellt, darunter Deutschlands ältestes Gartenhäuschen (1890). Spaß macht es auch, auf den Schildern an den Parzellen in die Vita ihrer ehemaligen Pächter einzutauchen. Einkehren kann man im Vereinslokal mit schattigem Freisitz.

31 Leipziger Stadthafen

1.5.19

7 *Startrampe in Leipzigs Welt der Wasserstraßen*

■ Tram 1, 2, 14 Marschnerstr.
■ Schreberstr. 20, www.stadthafen-leipzig.com

Der noch sehr junge Leipziger Stadthafen ist der ideale Ausgangspunkt, um die vielen Kanäle und Gewässer im Stadtgebiet und Umland zu erkunden. Erst vor wenigen Jahren wurde hier ein rund 7000 m² großes Hafenbecken als Anleger für Kanuten, Freizeitskipper und Ausflugsboote ausgehoben; rundherum schuf man mit Strandbar und Beachvolleyballfeldern attraktive Freizeitangebote. Wer sich hier ein Kanu ausleiht, kann schon heute durch den südlichen Auwald bis ins Leipziger Neuseenland paddeln. Geführte Kanu- und Drachenboottouren bringen einen zu den schönsten Plätzen. In den kommenden Jahren sollen der Hafen, seine Steganlagen sowie die Gastronomieangebote und auch das Netz der befahrbaren Wasserwege noch attraktiver werden – vorausgesetzt, es finden sich Investoren.

Wer Leipzigs Wasserwege erkunden möchte, findet am Stadthafen die passende Infrastruktur

Verkehrsmittel

Motorboot Wer nicht selbst paddeln möchte, kann sich in einem motorisierten Ausflugsboots entspannt zurücklehnen. ■ www.ranaboot.de, Reservierung: Tel. 01 77/611 25 87, tgl. Termine siehe Webseite, Bezahlung an Bord, Stadtfahrt (70 Min.): 12 €, Auenwald (130 Min.): 24 €, Kinder bis 120 cm halber Preis

Fahrrad Am Stadthafen werden auch Citybikes und E-Bikes verliehen. Reservierung zwei Tage vor Wunschtermin empfohlen. ■ www.stadthafen-leipzig. com, Tel. 03 41/59 40 26 19 oder online, Citybike: 10 €/Tag, E-Bike: 30 €/Tag

 Cafés

ZierlichManierlich Nicht weit vom Elsterwehr öffnet im Sommer ein knallgrüner Bauwagen seine Luken und verkauft Kaffee, Kuchen, Sandwiches und Limonade. Sonne und Aussicht gibt's gratis dazu. ■ Am Elsterwehr, www.zierlichmanierlich.de, April–Okt. ab 10 Uhr (nur bei schönem Wetter)

 Kinder

Schreberbad Das älteste Freibad Leipzigs (1866) mit breiter Rutsche liegt in unmittelbarer Nachbarschaft zum Stadthafen. Es ist überschaubar klein – so verliert man den Nachwuchs nicht aus den Augen. ■ Schreberstr. 15, Mai–Sept. (wetterabhängig) tgl. 9–21, Di, Do ab 7 Uhr, 4 €, bis 16 Jahre 3 €, Familien (bis 3 Kinder) 12 €

 Sport

Kanutouren Wasserwandern rund um Leipzig, das ist ein kleines Abenteuer.

Frisches Bio-Backwerk aus dem Bauwagen: das ZierlichManierlich am Elsterwehr

Jahr für Jahr steigt die Zahl der befahrbaren Kanäle und immer mehr Teilstücke werden zusammengeschlossen. Ab dem Leipziger Stadthafen kann man entweder über den Karl-Heine-Kanal zu den Vierteln im Westen und ihren eindrucksvollen Industriebauten aufbrechen (Kurs 2,5 km) oder südwärts Richtung Auwald paddeln (Kurs 7,9 km). Auf dem familienfreundlichen Kurs 1 (15 km) gelangt man sogar bis vor die Tore der Stadt zum Cospudener See. Wer sich ein Kanu mieten möchte, sollte sich an die Empfehlungen und Routenvorschläge des Bootsverleihs halten und sich über Risiken informieren. Wer unsicher ist, kann auch geführte Kanuausflüge buchen. ■ www.stadthafen-leipzig.com, Tel. 03 41/ 59 40 26 19, Buchung auch online, Dreier-Kajak: 9 €/Std., 53 €/Tag (ab 5 Std.), geführte Touren: ab 20 €/Person

32 Sportforum

Wo heute Fußballfans feiern, wurde DDR-Sportgeschichte geschrieben

■ Tram 3, 4, 7, 8, 15 Waldplatz
■ Am Sportforum 2, www.sportforum-leipzig.com, Führungen Red Bull Arena: www.dierotenbullen.com, Termine unregelmäßig, 12 €, bis 14 Jahre 5 €

Das weitläufige Areal zwischen Friedrich-Ebert-Straße, Jahnallee und Elsterbecken hat schon viel erlebt: In den späten 1930er-Jahren marschierte hier regelmäßig die NSDAP auf; von den Nazis wurde der südliche Teil – die heutige Festwiese, auf der Jahrmärkte und Open-Air-Konzerte stattfinden – sogar in »Adolf-Hitler-Feld« umbenannt. Pläne für ein Stadion mit Sportgelände existierten schon damals,

ADAC *Wussten Sie schon?*

Leipzig hat eine lange Tradition als Fußballstadt. Im Jahr 1900 wurde hier der **Deutsche Fußballbund (DFB)** gegründet. 1903 gewann der VfB Leipzig die Deutsche Meisterschaft und war somit erster Titelträger in der Geschichte des DFB-Turniers.

doch erst zu DDR-Zeiten wurden sie realisiert. Bis Mitte der 1950er-Jahre entstanden neben mehreren Wettkampfstätten die Einrichtungen der Deutschen Hochschule für Körperkultur (DHfK), der einstigen Kaderschmiede des ostdeutschen Spitzensports, sowie das Zentralstadion, auch »Stadion der Hunderttausend« genannt, dessen 25 m hoher Wall aus Kriegstrümmern aufgeschüttet wurde. Heute lockt an seiner Stelle die deutlich kleinere, dafür topmoderne Red Bull Arena die Fußballfans der Stadt regelmäßig ans Elsterbecken. Ihr Verein, der erst 2009 gegründete RB Leipzig, hat ihnen in den vergangenen Jahren viel Freude bereitet, schaffte er doch binnen weniger Jahre den sensationellen Durchmarsch von der Ober- in die Erste Bundesliga. Sinnvoll ergänzt wird der insgesamt über 56 ha große Sportpark durch die Arena Leipzig.

P Parken

Rund ums Sportforum gibt es kaum Parkplätze. Vor allem zu Großveranstaltungen sollte man mit dem ÖPNV anreisen und sein Auto außerhalb auf einem der P+R-Plätze (z.B. Leipziger Messe oder Völkerschlachtdenkmal (S. 128) abstellen.

33 Plagwitz

29.4.19

Wasser, Werksgeschichten und viel Kultur

Eine Bootstour auf dem Karl-Heine-Kanal führt durch verwunschene Parallelwelten

ℹ Information

■ Tram 14 Karl-Heine-/Merseburger Str.,
S1 Plagwitz
■ www.industriekultur-leipzig.de, unregelmäßige Führungen 10–12 Uhr, siehe
Webseite, 8 €
■ Parken: siehe S. 84

Wer vor 50 Jahren in Plagwitz wohnte, musste noch regelmäßig seine Fensterscheiben von Ruß und Staub befreien. Meist hing ein grauer Schleier aus Industrieabgasen über dem Stadtteil und durchatmen konnte man nur, wenn der Wind und Wetter günstig stand. Blickt man noch weiter in die Geschichte zurück, sieht man das beschauliche Dorf Plagwitz mit einigen Dutzend Häusern, in denen Mitte des 19. Jh. nur 400 Menschen lebten. Doch dann ging alles ganz schnell. Den rasanten Wandel zum Industriestandort verdankt Plagwitz vor allem dem Leipziger Rechtsanwalt Karl Heine (1819–88), der hier ab 1854 nahezu sämtlichen Grund und Boden aufkaufte, Straßen, Schienen und Kanäle ausbauen und ans Stadtzentrum anschließen ließ – und westlich von Leipzig das schuf, was man heute als modernen Industriepark inklusive Wohnquartier bezeichnen würde. Eisengießereien, Zement-, Garn- und Tapetenfabriken,

Plan
S. 82

jedoch noch immer das größte Flächendenkmal der deutschen Industriezeit vor, mit reichem Kulturangebot und einem Kanal, der am und auch auf dem Wasser ein Erlebnis ist.

👁 Sehenswert

ⓐ Karl-Heine-Straße 29. 4. 19
| Flaniermeile |

Sie ist die zentrale, pulsierende Verkehrsader durchs Viertel, die sich vom Elsterflutbett westwärts bis zum Plagwitzer Bahnhof zieht. Ganz im Osten, an der Klingerbrücke, erinnert ein bronzenes Standbild an Karl Heine (1819–88), der die Entwicklung der Gegend maßgeblich vorangetrieben hat. Im weiteren Verlauf wechseln sich alte Fabrikbauten, historische Wohnhäuser sowie Geschäfte, Lokale und kulturelle Einrichtungen ab. Besonders viel Atmosphäre hat die Karl-Heine-Straße links und rechts der Schaubühne Lindenfels (S. 87). Hier kann man herrlich bummeln, in kleinen Läden stöbern und in Cafés und Kneipen Kiez-Flair schnuppern. Dabei sollte man auch den Nebenstraßen mit ihren herrlichen Gründerzeitbauten einen Besuch abstatten.

ⓑ Westwerk 29. 4. 19
| Kulturzentrum |

Aus dem riesigen Produktionsgelände des früheren VEB Industriearmaturen und Apparatebau Leipzig (IAL) hat sich vor über zehn Jahren ein Kunst- und Kulturzentrum entwickelt, das Malern, Handwerkern, aber auch Vereinen und kleineren Unternehmen viel Freiraum

Textilhändler und Hersteller von Landmaschinen: Unzählige Betriebe ließen sich plötzlich in Plagwitz nieder und brachten Arbeit und Aufschwung. Etliche der alten Fabrikkomplexe existieren noch, doch heute wird in ihnen und um sie herum Kunst, Kultur und Lebensgefühl produziert. In den Cafés entlang der Karl-Heine-Straße schlürfen Kreative und Start-up-Gründer an ihren Cappuccini, planen ihr Wochenende im Kiez oder feilen an einem neuen Businessplan. Doch ihr Biotop ist bedroht. Die Mieten steigen, Altbauten verwandeln sich in Supermärkte und schicke Bars und viele Künstler suchen das Weite. Besucher finden in Plagwitz

für ihre Projekte bietet. Bislang fanden in den Hallen des Ensembles regelmäßig Ausstellungen, Musikveranstaltungen, Märkte und Workshops statt. Nach der letzten Mieterhöhung und Sanierungsplänen müssen die Westwerker jedoch um ihre kreative Heimat bangen.

■ Karl-Heine-Str. 85–93, www.westwerk-leipzig.de

29.4.19

c Karl-Heine-Kanal
| Wasserlauf |

Als Karl Heine Mitte des 19. Jh. den Leipziger Westen in ein Industriegebiet verwandelte, ließ er auch die später nach ihm benannten Wasserstraße ausschachten und 14 Straßen- und Eisenbahnbrücken bauen. Sein Ziel war es, Weiße Elster und Saale zu verbinden und Leipzig so an das überregionale Schifffahrtswegenetz anzu-

schließen. Bis zum Zweiten Weltkrieg konnte nur ein Bruchteil dieses Plans verwirklicht werden. Immerhin wurde vor wenigen Jahren der Durchstich zwischen Lützner Straße und Lindenauer Hafen eröffnet. Eine Anbindung von dort Richtung Saale ist in Planung. Der gesamte, rund 3,3 km lange Karl-Heine-Kanal wurde in die Riege der Leipziger Kulturdenkmäler aufgenommen und kann am besten mit dem Kanu, aber auch zu Fuß oder mit dem Fahrrad erkundet werden. Das Nordufer säumt ein idyllisch gelegener Rad- und Spazierweg, der an der 2003 errichteten Riverboat-Bühne der gleichnamigen MDR-Talkshow hinter den ehemaligen Buntgarnwerken beginnt und – vorbei an alten Brücken und teils morbiden, teil restaurierten Industriegebäuden – bis zur Baumwollspinnerei führt.

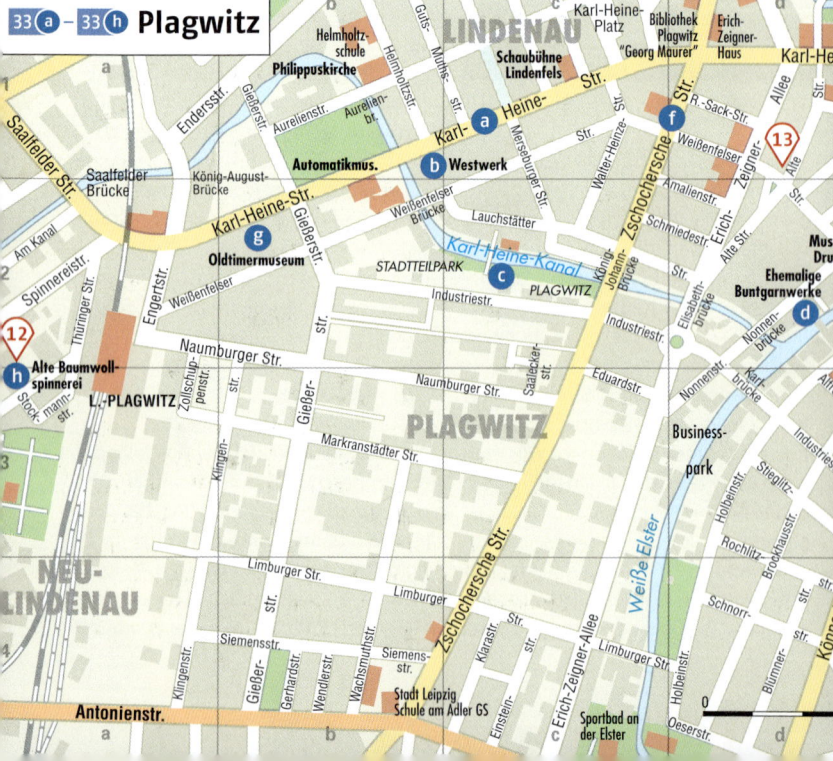

29.4.19

Ehemalige Buntgarnwerke
| Architektur |

Die riesige Industrieanlage an der Weißen Elster wurde 1879 als Sächsische Wollgarnfabrik erbaut und firmierte zu DDR-Zeiten als VEB Buntgarnwerke Leipzig. Nach der Wende wurde das Areal kostspielig saniert und es entstanden Loft- und Luxuswohnungen, Büros und Ladenflächen inmitten einer charmanten wie markanten Industrie-Kulisse, die heute unter Denkmalschutz steht. Das Gelände gilt als deutsches Vorzeigeprojekt für die erfolgreiche Umnutzung ehemaliger Industriebauten.

▦ Nonnenstr. 17–21

Museum für Druckkunst
| Museum |

Ein Muss für jeden, der sich für Bücher und ihre Entstehung interessiert: Das Museum betreibt eine eigene Druckereiwerkstatt, in der noch mit Bleisatz gearbeitet wird. Hier kann man einem der letzten deutschen Schriftgießer sowie Setzern und Druckern über die Schultern schauen. Zudem wird historisches Gerät gezeigt, das für die Buchproduktion notwendig war und ist – von der Kniehebelpresse bis zur Perforiermaschine.

■ Nonnenstr. 38, www.druckkunst-museum.de, Mo–Fr 10–17, So 11–17 Uhr, 6 €, Kinder 1,50 €

Zschochersche Straße
| Flaniermeile |

Die belebte Straße, die Plagwitz südwärts durchkreuzt, prägen multikulturelle Lebensfreude und alternatives Flair. Es gibt zahlreiche kleine Cafés, die ihre Heißgetränke natürlich auch mit Sojamilch anbieten, sowie internationale Geschäfte und Restaurants.

Oldtimermuseum
| Museum |

Westlich des Kanals befindet sich in einer Fabrikhalle an der Karl-Heine-Straße das leider nur unregelmäßig geöffnete Oldtimermuseum Da Capo, in dem chromblitzende Klassiker aus 100 Jahren Automobilgeschichte und auf dem Dach des Nachbargebäudes ein viermotoriges Iljuschin-Passagierflugzeug aus DDR-Zeiten begeistern.

■ Karl-Heine-Str. 105, www.michaelis-leipzig.de/de/da-capo-eventlocation/oldtimermuseum, Öffnungszeiten siehe Webseite, 3 €

29.4.19

Alte Baumwollspinnerei
| Kulturzentrum |

⓬ *Junge, geballte Kreativität auf altem Werksgelände*

In der riesigen Stadt aus rotem Backstein, deren Schlote und Hallen hier im Plagwitzer Westen in den Himmel ragen, produzierte vor dem Ersten Weltkrieg die größte Baumwollspinnerei Europas ihre Garne. Der dafür notwendige, flaumige Rohstoff wurde sogar auf eigenen Plantagen in Ostafrika angebaut. Heute ist das ehemalige Werksgelände eine der Leipziger Top-Adressen für zeitgenössische Kunst. In den hohen, hellen Räumen haben unzählige Ateliers, Galerien und Designstudios ihre Heimat gefunden. Über 50 Künstler arbeiten hier oder präsentieren und vermarkten ihre Werke – unter ihnen auch Neo Rauch und andere Vertreter der Neuen Leipziger Schule. Im Zentrum des Geländes befindet sich die Halle 14 (www.halle14.org, Di–So 11–18 Uhr, 4 €). In ihren Wechselausstellungen zeigt sich die ganze Kreativität, die in der Baumwollspinnerei versammelt ist. Wer das Gelände besucht, sollte am Wochen-

Noch kann man am Hafen von Linde-nau die Angelschnur auswerfen

ende kommen. Zu Wochenbeginn sind viele Galerien geschlossen.
■ Tram 14 Bahnhof Plagwitz, Spinnerei-str. 7, www.spinnerei.de, Führungen durch Haus 20A: Di–Sa 11–17 Uhr jede volle Stunde, 11 €

 Parken

Auf den Parkdecks der Elsterpassage kann man bis zu 2 Std. kostenlos parken, die Tagesrate beträgt 6 €.
■ Zschochersche Str. 48, www.elsterpassage.de, Plan S. 82 c2

 Restaurants

⑬ **€ | Löffel & Co.** Originell und preiswert: Frische Zutaten und viel Gemüse landen bei Löffel & Co. im Topf und später auf dem Teller. Täglich

wechselnde Gerichte und herrlicher Freisitz in ruhiger Umgebung. ■ Alte Str. 20, Tel. 03 41/49 25 45, www.loeffel und.co, Mo–Mi 10–18, Do–Fr 10–22, Sa 11–22 Uhr, Plan S. 82 d1

€–€€ | La Cantina Zentral gelegener Spanier mit Tapas-Tagesangeboten. ■ Karl-Heine-Str. 54, Tel. 03 41/60 40 70 94, www.lacantina-leipzig.de, Mo–Sa 17–23 Uhr, Plan S. 82 c1

€€ | Kaiserbad Das Kaiserbad am West-werk punktet mit gemütlichem Loft-Style und sympathischem Biergarten am Kanal. Auch Burger, Pasta und Risotto schmecken. Familienfreund-lich. ■ Karl-Heine-Str. 93, Tel. 03 41/ 39 28 08 94, tgl. ab 9 Uhr, Plan S. 82 b2

€€€ | Stelzenhaus Der Klassiker am Wasser. Hier wird hohe Kochkunst über dem Karl-Heine-Kanal zelebriert. Internationale Gerichte, beliebter Sonntagsbrunch. ■ Weißenfelser Str. 65, Tel. 03 41/492 44 45, www.stelzenhaus-restaurant.de, Mo–Sa 11–1, So 9–1 Uhr, Reservierung empfohlen, Plan S. 82 c2

 Cafés

Café Kater Gemütliches Kiez-Wohn-zimmer zum Frühstücken, Kaffeetrin-ken und Wohlfühlen ■ Rudolph-Sack-Str. 2, Tel. 03 41/92 73 45 37, Mo–Fr 9–18.30, Sa, So 10–18.30 Uhr, Plan S. 82 d1

 Einkaufen

Dipasquale Öle, Weine, Würste, Es-presso, Süßigkeiten, Antipasti: In dem Delikatessladen mit Café findet man nur das Beste aus dem Süden.
■ Karl-Heine-Str. 63, www.dipasquale.de, Di–Do 11–20, Fr, Sa 11–21 Uhr, Plan S. 82 c1
Polylogue Internationale Schreib-waren sowie handverlesene Bücher in Originalsprache, in denen man auf

gemütlichen Sofas auch gleich schmökern kann. ■ Merseburger Str. 47, www.polylogue-leipzig.com, Mi–Fr 14–19, Sa 11–18 Uhr, Plan S. 82 c1

 Kinder

UNIKATUM Hier machen Kinder spielerisch selbst Museum: Was ist Zeit? Und welche Kräfte kann die menschliche Fantasie entfalten? Die interaktiven Ausstellungen beschäftigen sich mit dem Leben und all seinen bunten Facetten. Auch das Museumscafé hat einige Überraschungen für kleine Entdecker in petto. ■ Zschochersche Str. 26, www.kindermuseum-unikatum.de, Di–So 14–18 Uhr, ab 3 Jahre 4,50 €, Familien 10,50 €, Plan S. 82 d1

 Events

⑭ **Leipziger Wasserfest** Mitte August zelebriert die Messe-, Musik- und Wasserstadt ihre Kanäle und Binnenhäfen. Das mehrtägige Event startet mit stimmungsvollem Lichterzauber am Lindenauer Hafen, danach erwarten Bootsparaden, Musikwettbewerbe und ein Wettrennen Tausender kleiner Gummienten auf der Weißen Elster die Besucher. ■ www.wasserfest-leipzig.de

34 Lindenau

Begehrtes Wohnviertel mit viel Charme und Lebensqualität

■ Tram 7, 8, 15 Lindenauer Markt
■ Zwischen Lützner Str. und Karl-Heine-Str.

Die Gegend westlich der Weißen Elster besteht nicht nur aus Industrierelikten. Der Stadtteil Lindenau, der nördlich der Karl-Heine-Straße an Plagwitz angrenzt, war schon Mitte des 19. Jh. ein beliebtes Wohngebiet, das betuchte Leipziger anzog, die sich hier hübsche Villen bauen ließen. Als Karl Heine mit seiner Radikalerschließung des Westens begann, blieb davon auch Lindenau nicht unberührt. Infolge des Booms wuchs die Bevölkerung schlagartig an und Wohnraum wurde Mangelware. Um die Nachfrage zu bedienen, errichtete man riesige Wohnkolonien, die erschwinglich, aber dennoch komfortabel sein sollten. Eines der Großprojekte aus jener Zeit sind die Meyer'schen Häuser an der Hahnemannstraße. Zur Jahrhundertwende mit Ecktürmchen und begrünten Innenhöfen erbaut, fanden darin mehrere Tausend Arbeiterfamilien ein würdiges neues Zuhause. Früher wie heute bildet der Lindenauer Markt das Zentrum des Stadtviertels, in dem sich auch eine lebendige Theaterszene entwickelt hat. Wer ostwärts Richtung Elsterbecken spaziert, gelangt zum malerischen Palmengarten mit herrlichem Blick aufs Wasser.

ADAC *Mobil*

So viel Wasser! Auch nahe des Karl-Heine-Kanals kann man **Kajaks** mieten (Klingerweg 2, www.bootstour-leipzig.de, ab 7 €/Std.). Am Stelzenhaus startet die »**MS Weltfrieden**« (Industriestr. 85, www.ms-weltfrieden.de, April–Okt. ab 11 Uhr, 6 €, Kinder 2 €) ihre Ausflugsfahrten. Romantiker erkunden die Weiße Elster freilich in einer venezianischen **Gondel**. *Nonnenstr. 11, www.da-vito-leipzig.de, 85 €, max. 5 Pers.*

Am Abend

Der Westen ist berühmt für seine Kultur- und Theaterlandschaft mit vielen Off-Bühnen und ein pulsierendes Nachtleben. Wer es abends gediegener mag, sucht sich besser eine ruhige Bar im Schauspielviertel aus. Rund um Plagwitz ist die Szene alternativer – aber auch spannender.

 Bühne

LOFFT Legendäres Off-Theater, das mit experimentellen Stücken begeistert – ab 2018 voraussichtlich auf dem Spinnereigelände. ■ Lindenauer Markt 21, Tram 7, 8, 15 Lindenauer Markt, S-Bahn Lindenau, Tickets: Tel. 03 41/35 59 55 10, www.lofft.de

Musikalische Komödie Die ›Muko‹ der Leipziger Oper bedient ihr Publikum mit leichter Operette und Musiktheater. ■ Dreilindenstr. 30, Tram 3, 7, 8, 15 Angerbrücke, S-Bahn Lindenau, Tickets: Tel. 03 41/126 12 61, www. oper-leipzig.de

Neues Schauspiel Zeitkritische Kreativbühne, die auch Satire, Kino und Musik-Events bietet. ■ Lützner Str. 29, Tram 7, 8, 15 Lindenauer Markt, S-Bahn Lindenau, Tickets: Tel. 03 41/92 79 97 70, www.neues-schauspiel-leipzig.de

Schauspielhaus Breit gefächertes, hochkarätiges Programm. Eng am Puls der Zeit sind die Aufführungen in »Diskothek«, »Hinterbühne« und »Baustelle«, den kleinen Spielstätten des Hauses. ■ Bosestr. 1, Tram 9 Thomaskirche, 1, 14 Gottschedstr., Tickets: Tel. 03 41/126 81 68, www.schauspiel-leipzig.de

Westbad Tänzer, Jazzer, Weltenbummler: Die Eventlocation in einer alten Schwimmhalle bietet Abendprogramm für jeden Geschmack. ■ Odermannstr. 15, Tram 7, 8, 15 Lindenauer Markt, S-Bahn Lindenau, Tel. 03 41/ 39 29 54 60, www.westbad-leipzig.de

 Konzert

Arena im Sportforum In der modernen Mega-Konzerthalle stehen Superstars wie Chris Rea, James Blunt oder Peter Maffay im Rampenlicht. ■ Am Sportforum 2, Tram 3, 4, 7, 8, 15 Waldplatz, Tel. 03 41/234 11 00, www. sportforum-leipzig.com

Felsenkeller Immer noch nicht umgebaut und auch die Zukunft steht in den Sternen. Doch das mal provokante, mal sanfte Musikprogramm geht weiter. ■ Karl-Heine-Str. 32, Tram 3, 14 Felsenkeller, www.felsenkeller-leipzig. com, Tickets online und VVK-Stellen

Poolgarden Live-Club und Szenespielplatz mit großem Außenbereich und Bands, Bands, Bands. ■ Erich-Zeigner-Allee 64, Tram 3 Markranstädter Str., Tel. 03 41/479 26 10, www.poolgarden leipzig.de, Mi–Sa ab 20 Uhr

 Kneipen, Bars und Clubs

Elsterartig Mix aus Club und Wohnzimmer. Freitags und samstags Tanz bis in die frühen Morgen. ■ Dittrichring 17, Tram 9 Thomaskirche, Tel. 03 41/ 97 69 16 16, www.elsterartig.de, Di–Sa ab 18 Uhr

Goldhopfen Oase für Bierfreunde. Die selbst gebraute Hausmarke gibt's vom Fass, andere Craft-Biere in der Flasche. ■ Kolonnadenstr. 11–13, Tram 9 Thomaskirche, www.goldhopfen-leip zig.de, Di–Sa ab 18 Uhr

 White Monkey In der stilvollen, modernen Lounge-Bar werden köstliche Cocktails serviert. ■ Gott schedstr. 1, Tram 9 Thomaskirche, Tel. 03 41/96 27 56 72, www.whitemonkey. com, So–Do 11–24, Fr, Sa 11–2 Uhr

 Kinos

Schaubühne Lindenfels Im Kultur zentrum mit Extraportion Patina fin den regelmäßig Filmabende statt. ■ Karl-Heine-Str. 50, Tram 14 Mersebur ger Str., Tickets: Tel. 03 41/48 46 20, www. schaubuehne.com

Schauburg Art-déco-Lichtspielhaus. ■ Antonienstr. 21, Tram 1, 2, 3 Adler, S-Bahn Plagwitz, Tel. 03 41/424 46 4, www.schauburg-leipzig.de

 # Übernachten

Warum nicht im Kiez übernachten? Wer sich nicht traut, findet westlich der Innen stadt komfortable Kompromisse. Jenseits der Elster gibt es einige Hotels, in denen hippes Nachtleben sowie Kulturgeschehen vor der Haustür liegen. Hier wohnt man ganz nah am Geschehen, sollte aber nach einem ruhigen Zimmer fragen.

€
Lindenau Inn Gepflegtes Hotel in renoviertem Altbau mit kleinen, aber modernen und sehr wohnlichen Zimmern. Sauna und Fitness-Bereich. ■ Lützner Str. 6, Tel. 03 41/67 97 23 43, www.lindenauinn.de

€€
Meliá Innside Leipzig Elegantes Stadthotel mit geräumigen Zimmern und puristischem Design. Kostenlose Minibar und unschlagbare Lage. ■ Gottschedstr. 1, Tel. 03 41/393 76 70, www.melia.com

ADAC *Das besondere Hotel*

Wer das Flair der **Baumwollspinnerei** hautnah erleben will, kann sich in ei nem der vier **Meisterzimmer** einquar tieren. Die hohen, hellen Loft-Apart ments bieten Platz für 2–5 Personen (ab 90 €). Mit Küche, Wohn- und Ar beitsbereich sowie jede Menge Retro-Schick. Leihfahrräder können mitge bucht werden.
€€ | Spinnereistr. 7, Tel. 03 41/22 70 40 63, www.meisterzimmer.de

Südlich der Innenstadt

*Von grünen Parks zur bunten Szenemeile – und zu einem giganti-
schen Denkmal, das Gänsehaut auslösen kann.*

Zwei traumhafte Landschaftsparks mit
Teichen, malerischen Holzbrücken,
weiten Wiesen und verschlungenen
Wegen öffnen sich südlich der Innenstadt. Doch Johanna- und Clara-Park
sind mehr als nur Postkartenidyll: Hier
leben die Leipziger, atmen durch, ver-
bringen ihre Mittagspause beim Pick-
nick oder im Freisitz am Musikpavillon.
Und das nur wenige Minuten vom
Zentrum entfernt – ein Naherholungsgebiet, im wahrsten Sinne des Wortes.
Alte Bäume säumen auch die kopfsteingepflasterten Straßen des Musik-
viertels, das erst Ende des 18. Jh. entstand, dann aber schnell zum begehrten Wohnquartier der Leipziger Eliten
wurde. Heute gehen vor allem Studenten in den vielen Hochschulgebäuden
ein und aus. Wird der Abend in der
Universitätsbibliothek doch mal länger als geplant, ist es von hier nur ein
Katzensprung zu den belebten Kneipen im Südkiez: Noch immer weht ein
angenehm herber, alternativer Wind
durch die Karl-Liebknecht-Straße, die

als Erlebnismeile tagsüber wie abends
viel zu bieten hat. Folgt man ihr in
südliche Richtung, gelangt man zum
Asisi-Panometer, einer Attraktion mit
scheinbar antiquiertem Konzept: ein
Bild? Kein Film? Betritt man den alten
Gasspeicher, verflüchtigen sich alle
Zweifel, taucht man hier doch in einen
360-Grad-Kosmos ein, der einen mit
allen Sinnen verschluckt. Eine ähnliche
Wirkung dürfte das Völkerschlachtdenkmal am Stadtrand auf viele Besucher haben. Dieses Bauwerk der Superlative, Geburt eines auftrumpfenden
Nationalstolzes zu Zeiten des wilhelminischen Kaiserreichs, raubt einem
schier den Atem.

In diesem Kapitel:

ADAC Top Tipps:

 Rund um die KarLi
| Ausgehmeile |
Nur einen Katzensprung vom historischen Zentrum findet man das farbenfrohe, »andere« Leipzig, in dem Graffiti auf Gründerzeit trifft. 94

 Völkerschlachtdenkmal
| Monument |
Ist das die Kulisse eines Fantasyfilms? Dieses Mega-Denkmal verkörpert Grandezza und Größenwahn – und spaltet so die Gemüter. 103

ADAC Empfehlungen:

 Johanna- und Clara-Park
| Park |
So lebendig, vielseitig, malerisch, grün und vor allem zentral gelegen wie kein anderer Park der Stadt. 90

 Galerie für Zeitgenössische Kunst
| Kunstmuseum |
Viel (Frei-)Raum für junge, moderne Kunst – und mit Sicherheit eines der anregendsten Museen, die Leipzig zu bieten hat. 92

 Fela
| Restaurant |
Schmackhafte, innovative Tapas-Variationen – ganz ohne Datteln, Speck und Chorizo-Wurst. 97

 Panometer
| Rundumpanorama |
Großartige 360-Grad-Welten im alten Gasometer – hier wechseln auch Raum- und Zeitgefühl des Publikums rasch den Aggregatzustand. 98

 Russische Gedächtniskirche
| Kirche |
Ihre exotisch-goldene Turmspitze leuchtet über der ganzen Stadt – und die prachtvolle, frisch restaurierte Ikonenwand von innen! 100

 Hotel Michaelis
| Hotel |
Kiez und Komfort – besser und eleganter bringt diese beiden Welten kein anderes Hotel in Leipzig unter einen Hut. 107

35 Johanna- und Clara-Park

 Idyllisches Grün entlang der Ufer von Elster und Pleiße

■ Tram 1, 2 Klingerweg, Bus 89 Neues Rathaus
■ Friedrich-Ebert-Str./Karl-Tauchnitz-Str.

ADAC *Mobil*

Der Park ist idealer Startpunkt für **Radtouren** ins Neuseenland (S. 120). In den **Elster-Radweg** kann man an der Sachsenbrücke (Anton-Bruckner-/Max-Reger-Allee) einsteigen, der zum Cospudener See (ca. 10 km) führt. *www.elsterradweg.de*

Wie grüne Lungenflügel durchziehen die Parkanlagen entlang Elster und Pleiße Leipzigs Stadtgebiet. Den Auftakt im Süden macht der Johanna-Park an der Karl-Tauchnitz-Straße. Er wurde Mitte des 19. Jh. vom Bankier Wilhelm Seyfferth (1807–81) in Auftrag gegeben, der das Projekt aus eigener Tasche finanzierte und vom Gartenkünstler Peter Joseph Lenné realisieren ließ. Er gestaltete die Anlage mit hübschem Teich im englischen Stil, die Seyfferth nach seinem Tod der Stadt überließ. Leipzig benannte den Park in Gedenken an den Bankier nach dessen jung verstorbener Tochter Johanna. Markante Hingucker des Parks sind der spitze Turm der neogotischen Lutherkirche (1884) im Norden sowie die pittoresken Holzbrücken am See, die – gemeinsam mit Rathausturm und City-Hochhaus im Hintergrund abgelichtet – ein beliebtes Fotomotiv abgeben. Jenseits der Edvard-Grieg-Allee geht der Johanna-Park in den Clara-Park über, der nach der Arbeiter- und Frauenrechtlerin Clara Zetkin (1857–1933) benannt ist. Ganz im Wes-

Im Clara-Park findet man an heißen Sommertagen immer ein schattiges Plätzchen

ten, nahe der Sachsenbrücke – im Sommer beliebter Treffpunkt der Jugend –, lädt der Glücksbaum zum Lesen und Nachdenken ein. An seinen Ästen baumeln unzählige, auf Zetteln notierte Wünsche und Botschaften, die Touristen und Einheimische hier hinterlassen.

 Parken

Im angrenzenden Musikviertel (S. 91) findet man entlang der Haydn- und Mozartstraße sowie in den Querstraßen viele Parkmöglichkeiten.

 Restaurants

€ | **Musikpavillon** Den kleinen Hunger zwischendurch kann man im Musikpavillon im Herzen des Clara-Parks stillen – und das auch im großen Biergarten gemütlich im Freien. Mittags auch Kaffee und Kuchen. ■ Anton-Bruckner-Allee 11, www.musikpavillon-leipzig.de, im Sommer tgl. 9–22 Uhr

 Erlebnisse

Pferderennen im Scheibenholz Bis heute werden auf der 1867 gegründeten Galopprennbahn Scheibenholz rund vier Wettkämpfe pro Jahr ausgetragen. Sehenswert ist auch die denkmalgeschützte Tribüne (1907) mit zwei Türmen. ■ Rennbahnweg 2a, www.galoppimscheibenholz.de, Mo–Fr 10–16 Uhr, Besichtigung: 7 €, bis 12 Jahre frei, Tribünenplatz Rennen: ab 14 €

 Sport

Kanuverleih am Rennbahnsteg An der Rennbahn kann man ins Boot umsteigen und die Wasserwege der südlichen Auwälder erkunden. ■ Am Rennbahnsteg 2a, Tel. 01 78/685 01 01, www.kanuverleih-leipzig.de, März–Nov. Sa, So ab 10 Uhr, sächs. Schulferien tgl. ab 10 Uhr, Kajak ab 10 €/Std.

36 Musikviertel

Kunst, Justiz und Forschung pflegen hier enge, gute Nachbarschaft

■ Tram 2, 8, 9, 14 Neues Rathaus, Bus 89 Mozartstr.
■ Beethovenstr., Mozartstr.
■ Parken: siehe S. 93

Klingende Straßennamen wie Haydn-, Mozart- und Telemannstraße kennzeichnen das gründerzeitliche Musikviertel. Es wurde ab 1880 auf dem Reißbrett geplant – nach strengen Regeln im Hinblick auf die Anordnung von Verkehrswegen und Häusern sowie die Gestaltung ihrer Fassaden. Seinen Namen verdankt das Quartier den ersten, repräsentativen Bauten, die hier entstanden: Neben einer neuen Spielstätte für das Leipziger Gewandhausorchester wurde auch ein Domizil für das vom Komponisten Felix Mendelssohn-Bartholdy (1809–

ADAC *Mittendrin*

Lust auf eine gepflegte Partie mit Einheimischen? Das Schachzentrum im Clara-Park, südlich des Bassins an der Anton-Bruckner-Allee, ist Treffpunkt der Leipziger **Schachgemeinde**. An den großen und kleinen Brettern im Freien findet man fast immer einen würdigen Gegner. *www.zkinpark.de, ab Juni Mi–Mo, 14–19 Uhr (wetterabhängig), mit Snackbar, ab 1 €/Tag*

47) gegründete Königliche Konservatorium der Musik fertiggestellt. Es folgten das Reichsgericht (s.u.), weitere Hochschulbauten sowie viele prächtige Villen und Bürgerhäuser. Aus dem Musikkonservatorium ging später die Hochschule für Musik und Theater (HMT) hervor, die bis heute an der Grassistraße residiert. In unmittelbarer Nachbarschaft befindet sich in der Wächterstraße die Hochschule für Grafik und Buchkunst (HGB). Hier wurden in den 1970er-Jahren viele Maler der Leipziger Schule ausgebildet – unter ihnen Neo Rauch. Zu den weiteren Hochschulgebäuden im Musikviertel zählen ein Institut der Hochschule für Technik, Wirtschaft und Kultur (HTWK), das Geisteswissenschaftliche Zentrum der Uni Leipzig sowie die Universitätsbibliothek Albertina (s.u.).

 Sehenswert

Galerie für Zeitgenössische Kunst
| Ausstellung |

 Experimentierfreudig: aktuellste Trends moderner Kunst

Gegenüber vom Clara-Park bringt die Galerie für Zeitgenössische Kunst frischen Wind ins ehrwürdige Musikviertel. In der gründerzeitlichen Herfurth'schen Villa (1892) sowie im 2004 neu gebauten Glaskubus »GfZK-2« nebenan geben hochkarätige Wechselausstellungen tiefe Einblicke in die aktuelle Kunstszene. Die Palette ist breit und reicht von Malerei, Grafik und Fotografie über Installationen und Aktionskunst bis zu Multimedia-Performances. Zudem erweitert die Galerie ihre hauseigene Sammlung durch regelmäßige Ankäufe.

◼ Karl-Tauchnitz-Str. 9–11, www.gfzk.de, Di–Fr 14–19, Sa, So 12–18 Uhr, Führungen: Sa, So 13, 15 Uhr, 5 €, bis 5 Jahre frei

Universitätsbibliothek Albertina
| Historisches Bauwerk |

Wer in der Gegend ist, sollte einen Blick in die Universitätsbibliothek Albertina werfen. Sie wurde 2017 als Bibliothek des Jahres ausgezeichnet. Der Leipziger Architekt Arwed Rossbach schuf das 1891 eingeweihte, lang gezogene dreistöckige Gebäude im Stil des Historismus. Edel und hell wirkt das marmorne Treppenhaus, der Lesesaal befindet sich im glasgedeckten, östlichen Innenhof. Im Besitz der Albertina sind mehrere kostbare Werke und Handschriften, darunter zwölf Skizzenbücher des Künstlers Werner Tübke und Teile des »Codex Sinaiticus«, eines Bibelmanuskripts aus dem 4. Jh.

◼ Beethovenstr. 6, www.ub.uni-leipzig.de

Bundesverwaltungsgericht
| Historisches Bauwerk |

Das Bundesverwaltungsgericht mit seiner 68 m hohen Kuppel ist eines der imposantesten Gebäude Leipzigs. Ludwig Hoffmann und Peter Dybwad planten diesen Prunkbau des Historismus, der Ende des 19. Jh. realisiert wurde. Unter seinem Dach nahm ab 1879 das Leipziger Reichsgericht seine Arbeit auf – damals der oberste deutsche Gerichtshof für Zivil- und Strafrecht. In die Stadtgeschichte ging das Verfahren gegen den linken Politiker und Kriegsgegner Karl Liebknecht (1871–1919) ein, der hier 1907 wegen

ADAC *Spartipp*

Kunst zum Nulltarif: Immer mittwochs ist der Eintritt in die **Galerie für Zeitgenössische Kunst** ganztägig (14–19 Uhr) kostenlos.

Das Café der Galerie für Zeitgenössische Kunst wird regelmäßig neu gestaltet

Hochverrats verurteilt wurde. Seit 2002 hat das Bundesverwaltungsgericht seinen Sitz am Simsonplatz. Im Innern kann ein Museum besichtigt werden, das über die Geschichte des Hauses informiert. Sehenswert ist auch der Große Plenarsaal im ersten Stock.
■ Simsonplatz 1, www.bverwg.de, Mo–Fr 8–16 Uhr, Führung nur mit Voranmeldung (online)

Parken

Die Parkgarage am Bundesverwaltungsgericht mit rund 300 Stellplätzen liegt direkt am Musikviertel. ■ Beethovenstr. 99, Einfahrt tgl. 6–23 Uhr, 1 €/Std., 5 €/Tag

Restaurants

€–€€ | **Ristorante Violino** Familienfreundlicher Italiener mit sehr leckerer Auswahl italienischer Klassiker – von Pizza und Pasta bis Saltimbocca und Panna Cotta. ■ Mozartstr. 4, Tel. 0341/2126277, www.violino-leipzig.de, tgl. 12–14.30, 18–23.30 Uhr

€€€ | **B10** Mondänes Restaurant mit raffinierter, vor allem mediterran und asiatisch angehauchter Weltküche. Sehr gute Weinauswahl. Für Atmosphäre und Qualität muss man leider etwas tiefer in die Tasche greifen. ■ Beethovenstr. 10, Tel. 0341/6408640, www.the-b10.com, tgl. ab 17.30 Uhr

Einkaufen

Tschau Tschüssi Künstlerische Geschenkideen und allerlei Kurioses findet man in dem Museumsshop der GfZK mit nicht minder kreativem Namen. ■ Karl-Tauchnitz-Str. 9–11, www.tschau-tschuessi.de, Di–Fr 14–19, Sa, So 12–18 Uhr

37 Rund um die KarLi 30.4, 19

Lebendiges Szeneviertel mit Berliner Flair

![Ungesund? Die beliebte Löffelfamilie ernährt sich jedenfalls nur von Konserven]

Ungesund? Die beliebte Löffelfamilie ernährt sich jedenfalls nur von Konserven

ℹ Information

 Tram 10, 11 Hohe Str. oder Südplatz
 Karl-Liebknecht-Str.
■ Parken: siehe S. 97

8 *Erfrischender Kontrast zu Hoch-glanz und Hochkultur der Altstadt*

Die Südvorstadt ist eines der reizvolls-ten Wohn- und Ausgehviertel Leipzigs. Gründerzeitbauten, die dicht an dicht die kopfsteingepflasterten Alleen säu-men, prägen das Bild. Durchbrochen werden sie immer wieder von Relikten aus DDR-Zeiten – von Platte bis zum ehemaligen VEB-Werksgelände. Wie das benachbarte Musikviertel wurde der Stadtteil Mitte des 19. Jh. mehr oder weniger schachbrettartig ge-plant. Doch streng und normiert geht es hier gar nicht zu. Vor allem die Karl-Liebknecht-Straße (kurz »KarLi« genannt) hat sich in den vergangenen Jahren zum kunterbunten, trotz Gen-trifizierung immer noch alternativ an-gehauchten Szenetreff entwickelt. Die Kneipendichte ist hoch, Theater und Clubs bieten Avantgarde, Kultur und Unterhaltung; zudem finden sich viele, auch hochklassige Restaurants für je-den Geschmack. Von ihrer lebendigs-ten Seite zeigt sich die KarLi zwischen Brau- und Hardenbergstraße. Wer we-

Plan
S. 96

rokomplex einer Unternehmensberatung empfangen, steigt die Zahl der Lokale südwärts sprunghaft an. Von Burger bis Spezialitäten aus Beirut haben sich viele Restaurants mit internationaler Küche hier niedergelassen.

 b **Peterskirche**
| Kirche |

Die evangelisch-lutherische Peterskirche wurde 1882–85 im Stil der Neogotik nach den Plänen August Hartels und Constantin Lipsius' erbaut. Ihr filigran reliefiertes Westwerk mit dem hohen Spitzbogenportal erinnert an französische Kathedralen. Der Kirchturm ragt fast 90 m in den Himmel und ist bis heute der höchste der ganzen Stadt. Auch das Kircheninnere beeindruckt: Enorm weitläufig ist das 17 m breite, von zwei Seitenschiffen flankierte Langhaus. Für feierliches Licht sorgen die Bleiglasfenster (1884–86), die von namhaften Glasmalern der Düsseldorfer Akademie geschaffen wurden. Da das Gotteshaus keine feste Bestuhlung hat, wird es häufig für Konzerte und andere Veranstaltungen genutzt.

■ Schletterstr. 5

nig Zeit hat, sollte daher mit der Tram gleich den Südplatz ansteuern. Ins Viertel eintauchen und dabei den sich langsam einstellenden, faszinierenden Kontrast zur Altstadt erleben kann man beim Bummel vom Wilhelm-Leuschner-Platz Richtung Süden.

 Sehenswert

 a **Münzgasse**
| Flaniermeile |

Einen Vorgeschmack in Sachen Gastronomie und Nachtleben gibt die kleine, aber abends belebte Münzgasse. Wird man an ihrem Nordende noch etwas unterkühlt vom hohen, verglasten Bü-

 c **Fischer-Art-Haus**
| Architektur |

An der Kreuzung von Shakespeare- und Karl-Liebknecht-Straße lenkt ein vierstöckiges Eckhaus alle Blicke auf sich. Dabei begeistert nicht die eher schnöde Form des Neubaus, sondern seine bunt bemalte Fassade. Hier war 2004 der Leipziger Pop-Art-Künstler Michael Fischer-Art am Werk, der für seine Arbeiten im öffentlichen Raum bekannt ist. Sie gleichen oftmals comicartigen Wimmelbildern, in denen man sich regelrecht verlieren kann und keine Form, kein Gesicht, keines der kleinen Flugzeuge, Raketen oder Autos zweimal sieht. Mit einem ähnlichen riesigen Wandbild, das an die Friedliche Revolution erinnert, hat Fischer-Art übrigens auch eine Fassade am Leipziger Brühl gestaltet (S. 52).

■ Karl-Liebknecht-Str. 43

d Löffelfamilie
| Leuchtreklame |

Einst Reklame, heute Kulturdenkmal, Kunst und Kult: Eine nostalgische Neon-Werbung des VEB-Feinkost schmückt die hohe Giebelwand an der Kreuzung von KarLi und Braustraße. Sie wurde Anfang der 1970er-Jahre von den Grafikern Theo Hesselbarth und Jürgen Mau gestaltet und zeigt Vater, Mutter, Tochter und Sohn beim Abendessen an einem halbrunden Tisch. Ist die zweistufige Lichtanlage eingeschaltet, löffelt die Familie genüsslich die »doppelt konzentrierte Suppe« aus ihren Tellern.

■ Karl-Liebknecht-Str. 36, www.loeffel familie.de

e Liebknecht-Haus
| Gedenkstätte |

In diesem Haus wurde 1871 der Marxist und linke SPD-Politiker Karl Liebknecht geboren. Er war Mitbegründer des Spartakusbundes und eine Schlüsselfigur der Novemberrevolution, mit der 1918/19 die Monarchie beendet und die Weimarer Republik eingeläutet wurde. In der Erdgeschosswohnung wurde eine Gedenkstätte eingerichtet, in der man sich auch die Schreibmaschine des Revolutionärs ansehen kann. Der Rest des Gebäudes wird von der Partei Die Linke als Begegnungszentrum und Geschäftsstelle genutzt.

■ Braustr. 15, www.die-linke-in-leipzig.de, Mo–Do 9–18 Uhr

f Fockeberg
| Aussichtspunkt |

Der heutige Fockeberg (153 m) entstand aus Schutt und Trümmern, die man nach dem Zweiten Weltkrieg ab 1947 ganze zehn Jahre lang an dieser Stelle angehäuft hatte. Hinauf zum Plateau führt ein verschlungener Asphaltweg, der von mehreren Skulpturen und Kunstwerken gesäumt wird.

8 37 ⓐ – 37 ⓕ **Rund um die KarLi**

ADAC *Mittendrin*

Sie wollen den Löffels beim Essen zusehen und gleichzeitig etwas für den Erhalt des DDR-Kulturdenkmals beitragen? Die Leuchtreklame lässt sich kostenpflichtig per Telefon-Hotline aktivieren und strahlt dann immerhin drei Minuten lang in voller Pracht. Wer anruft, wird von Familie Löffel »persönlich« und natürlich auf Sächsisch begrüßt.
Tel. 09 00/563 33 35 (2,99 €/Min. Festnetz, mobil kann abweichen) oder Charity-SMS mit Stichwort »Löffelfamilie« an Kurzwahl 811 90 (3 €), www.loeffelfamilie.de

Oben angekommen genießt man an klaren Tagen einen außergewöhnlich schönen Blick auf die Innen- und Südvorstadt sowie auf die angrenzenden Auwälder. ■ Zugang via Fockestr. 18

 Parken

In den östlichen Seitenarmen der Karl-Liebknecht-Straße (z. B. Schletterstraße) gibt es etliche kostenlose Parkplätze. Achtung: Die Parkzonen bis auf Höhe Peterskirche sind zu Kernzeiten noch gebührenpflichtig. ■ Mo–Sa 9–18 Uhr, 1,40 €/Std., Plan S. 96 b1–4

 Restaurants

€ | **Bebopalula** Liebenswertes American Diner mit leckeren, günstigen Burgern, verführerischen Milkshakes und nostalgischem 1950er-Jahre-Flair. ■ Karl-Liebknecht-Str. 70, Tel. 03 41/248 53 93, www.bebopalula.eu, Di–Sa ab 17, So 15–22 Uhr, Plan S. 96 a4

 €€–€€€ | **Fela** Paradiesisch lecker: Das Fela scheint die Tapas neu erfunden zu haben. Im Sommer mit Freisitz an der Straße. ■ Karl-Liebknecht-Str. 92, Tel. 03 41/225 35 09, www.fela-in-leipzig.de, Mo–Sa 17–1, So 9.30–15 Uhr, Plan S. 96 a4

 Cafés

Grundmann Elegantes Wiener Café im Art-déco-Stil. Tgl. günstiges Mittagsgericht. ■ August-Bebel-Str. 2, Tel. 03 41/222 89 62, www.cafe-grundmann.de, Mo–Fr 8–23, Sa 9–23, So 9–19 Uhr, Plan S. 96 a4

Café Maître Eines der charmantesten Cafés in der Gegend im französischen Stil. Das Gebäck kommt aus der hauseigenen Patisserie nebenan. ■ Karl-Liebknecht-Str. 62, Tel. 03 41/30 32 89 24, www.cafe-maitre.de, Mo–Fr 8–24, Sa 9–24, So, Fei 9–18 Uhr, Plan S. 96 a4

Pfeifers Eisdiele Vielleicht das beste Eis der Stadt? Natürlich hausgemacht und seit 1953 auch in nostalgischen Muschelwaffeln. ■ Kochstr. 20, Tel. 03 41/391 37 90, Mo–Fr ab 12, Sa, So ab 13 Uhr, Plan S. 96 a4

 Kinder

Prix de Tacot Das alljährliche Seifenkistenrennen am Fockenberg hält den ganzen Kiez in Atem – und bringt Kinderaugen zum Leuchten. ■ www.seifenkiste.nato-leipzig.de, Anfang Mai

Gefällt Ihnen das?

Pfeifers Eisdiele ist Kult! Das hat sie mit der ostalgischen **Milchbar Pinguin** gemein, die auch kalte Leckereien serviert, aber zentral in der Altstadt liegt (S. 22).

38 Bayerischer Bahnhof

Elegantes Relikt regionaler Verkehrs- und Eisenbahngeschichte

■ Tram 2, 9, 16 und S1–S5 Bayerischer Bahnhof
■ Bayrischer Platz 1

Die Freistaaten Sachsen und Bayern fühlten sich schon immer verbunden – auch durch den Schienenverkehr. Der Bayerische Bahnhof mit fürstlich-elegantem Portikus wurde ab 1842 als Kopfbahnhof im spätklassizistischen Stil erbaut und zwei Jahre später eingeweiht. Hier kamen einst alle Züge aus dem Königreich Bayern an und fuhren Richtung Süden auch wieder ab. Nach Fertigstellung des Hauptbahnhofs (S.50) verlor der Bayerische Bahnhof zunehmend an Bedeutung. Heute ist in der ehemaligen Abfertigungshalle ein beliebtes Gasthaus eingezogen.

 Verkehrsmittel

Die neuen Bahnsteige unter dem Bayerischen Bahnhof sind Teil des Leipziger City-Tunnels. Alle S-Bahnlinien machen hier regelmäßig Halt. ■ www.citytunnel.sachsen.de

 Restaurants

€€ | **Bayerischer Bahnhof** Süddeutsche Hausmannskost und süffiges, selbst gebrautes Bier. Im schönen, geschützten Biergarten sitzt man unter schattigen Platanen. ■ Bayrischer Platz 1, Tel. 03 41/124 57 60, www.bayerischer-bahnhof.de, tgl.11–24 Uhr, Reservierung empfohlen

39 Panometer

 Spektakuläre Rundum-Erlebnis-welten für alle Sinne

■ Tram 9 Hoffmann/R.-Lehmann-Str., S1–S5 Leipzig MDR
■ Richard-Lehmann-Str. 114, www.panometer.de, Mo–Fr 10–17, Sa, So, Fei, 10–18 Uhr, 11,50 €, Kinder 6 €

Biegt man kurz vor der Connewitzer Stadtteilgrenze links von der Karl-Liebknecht- in die Richard-Lehmann-Straße (B2) ab und folgt ihr in östliche Richtung, erscheint schon bald ein kreisrunder Ziegelbau am Horizont. Sein Kuppeldach mit spitzer Laterne erinnert ein wenig an eine Pickelhaube der preußischen Armee; tatsächlich handelt es sich aber um einen alten, stillgelegten Gasspeicher (1910). Hier hat der in Sachsen aufgewachsene und in Berlin lebende Künstler und Architekt Yadegar Asisi seinen Lebenstraum verwirklicht: ein multimediales Museum für überdimensionale 360-Grad-Gemälde. Seit 2003 ist aus dieser Fantasie fantastische Wirklichkeit geworden und etliche, aufwendig mit Digitaltechnik produzierte Welten wurden seitdem bereits auf der 32 m hohen Leinwand des Panometers gezeigt. Besucher können sie von einer 15 m hohen Plattform aus betrachten und erleben zudem wechselnde Licht- und Klangeffekte. Nach dem Great Barrier Reef entführt Asisi sein Publikum aktuell erneut zu den Abgründen des Meeres: Noch bis Herbst 2018 ist die Ausstellung »Titanic« zu sehen, in der man das Wrack des 1912 im Nordatlantik gesunkenen Luxusliners in knapp 4000 m Tiefe aus nächster Nähe erkunden kann.

40 Botanischer Garten

Hier sprießt, blüht und gedeiht Artenvielfalt aus aller Welt

■ Tram 2, 16 Johannisallee, Bus 60 Liebigstr.

■ Linnéstr. 1, www.bota.uni-leipzig.de, tgl. ab 9 Uhr, Gewächshäuser/Schmetterlinge: Di–Fr ab 13, Sa, So, Fei ab 10 Uhr, Schließung variiert nach Jahreszeit, Gewächshäuser: 4 €, Kinder ab 6 Jahre 3 €

Es war eine Sensation und ein Kompliment der Natur an ihre Gastgeber: Im Sommer 2017 zeigte die Blaue Amaryllis im Leipziger Botanischen Garten nach langer Pause wieder ihre Blütenpracht. Zuletzt hatte sie das 2013 getan – eingezogen ist die außergewöhnliche Blume hier bereits 1988. Seither tüfteln die Profigärtner der Universität Leipzig im Südosten der Stadt daran, der scheuen Pflanze ideale Lebensbedingungen zu bieten. Gar nicht so einfach, denn heimisch fühlt sich die Blaue Amaryllis eigentlich in den luftigen Höhen der Berge Nordbrasiliens. Das Beispiel zeigt sehr schön, wie Wissenschaft und Leidenschaft für seltenes, vielfältiges Grün im Leipziger Botanischen Garten Hand in Hand gehen. Die Ursprünge des fast vier ha großen Geländes, das heute über 5000 Spezies und mehrere Forschungseinrichtungen beheimatet, reichen bis ins 16. Jh. zurück. Die historischen Gewächshäuser, insgesamt immerhin 2400 m² groß, beherbergen Pflanzen aus allen tropischen Gebieten sowie den Halbwüsten der Erde. Hier findet man auch eine umfassende Kakteen- und Sukkulentensammlung sowie das beliebte Schmetterlingshaus. Rund herum erstreckt sich das ebenfalls geografisch nach Vegetationszonen gegliederte Freigelände. Es ist auch ohne Eintrittsticket zugänglich. Im Frühsommer ist es hier natürlich besonders schön, aber ein Besuch lohnt sich zu jeder Jahreszeit.

Faszinierende 360-Grad-Bilder im Leipziger Panometer

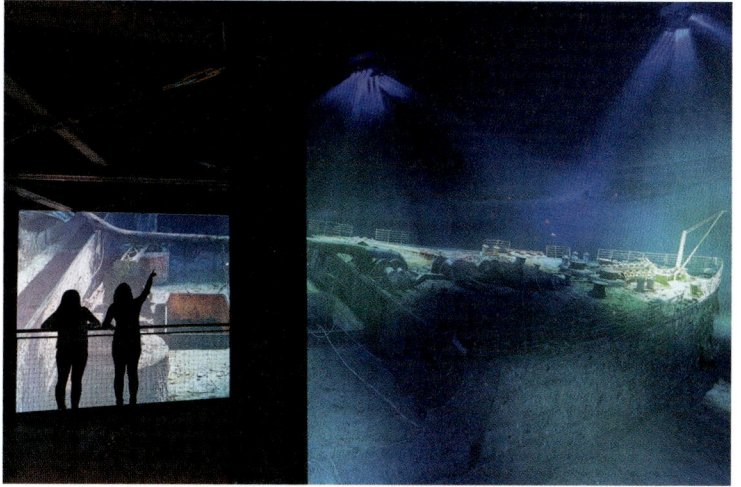

41 Russische Gedächtniskirche

30.4.19

(20) *Heiterer, fremdländischer Ruhepol im Verkehrsgetümmel*

■ Tram 2, 16 Deutsche Nationalbibliothek
■ Philipp-Rosenthal-Str. 51a, www.russische-kirche-l.de, tgl. März–Nov. 10–17, Dez.–Feb. 10–16 Uhr, Mittagspause: 13–14 Uhr, 1 €

Feierlich und exotisch zugleich wirkt die 55 m hohe Russische Gedächtniskirche St. Alexi im Südosten Leipzigs, deren Turmspitze mit vergoldeter Zwiebelkuppel glänzend und weithin sichtbar über die Dächer des von DDR-Zweckbauten geprägten Viertels hinausragt. Das Gotteshaus wurde im Herbst 1913 zum 100. Jahrestag der

Außen wie innen ein Schmuckstück – die Russische Gedächtniskirche

Völkerschlacht bei Leipzig (S. 103) eingeweiht und erinnert an die rund 22 000 russischen Soldaten der Zaristischen Armee, die vor den Toren der Stadt ihr Leben ließen. Neben der faszinierenden Zeltdacharchitektur des Kirchengebäudes ist vor allem die 18 m hohe Ikonenwand mit Bildern des Moskauer Künstlers Luka Martjanowitsch im Innern der Oberkirche sehenswert. Vor Kurzem wurde sie aufwendig restauriert: Jetzt leuchten ihre 78, reich verzierten Bilder auf Zedernholz wieder in kräftigen Farben.

30.4.19

42 Deutsche Nationalbibliothek

In hohen Büchertürmen stapelt sich das gesammelte Wissen der Republik

■ Tram 2, 16 Deutsche Nationalbibliothek
■ Deutscher Platz 1, www.dnb.de

Es gleicht einer Sisyphusarbeit, die die Mitarbeiter der Deutschen Nationalbibliothek in Leipzig täglich verrichten müssen: Rund 90 000 neue Bücher erscheinen jährlich in der Bundesrepublik, hinzu kommen deutschsprachige Titel im Ausland oder Sachbücher, die sich mit deutscher Kultur und Geschichte befassen. Alle landen sie hier, werden Tag für Tag in Kisten angeliefert, sortiert, katalogisiert und in riesigen Magazinen eingelagert. Gemeinsam bilden sie einen gigantischen Buch- und Wissensspeicher, der seit Jahren wächst und wächst. Eingeweiht wurde die Bibliothek bereits 1916; damals noch unter dem Namen »Deutsche Bücherei«. Im Laufe der Jahrzehnte musste sie jedoch mitsamt ihrer Archive immer wieder umgebaut und vergrößert werden. Prominenteste Erweiterungsbauten sind der futuristische Glasbau (2011) an der Straße des 18. Oktober sowie die nach hinten versetzen Büchertürme, die Ende der 1970er-Jahre hochgezogen wurden. Der Glasbau beherbergt seit 2011 auch das Deutsche Musikarchiv. Nach der Wiedervereinigung fusionierte die Deutsche Bücherei in Leipzig mit ihrem westdeutschen Pendant in Frankfurt am Main.

 Parken

Gleich gegenüber dem Erweiterungsbau der Bibliothek befindet sich ein großer, kostenfreier Parkplatz. Einfahrt über die Straße des 18. Oktober.

 Sehenswert 30.4.19

Ehemalige Deutsche Bücherei
| Historisches Bauwerk |

Das alte, 120 m lange, konkav geformte Hauptgebäude der heutigen Nationalbibliothek am Deutschen Platz wurde 1914–16 von Oskar Pusch erbaut und im Jugendstil ausgeschmückt. Sehenswert sind die kunstvollen Mosaike an den Wänden im Innern des Gebäudes sowie der nostalgische Große Lesesaal. Seine Stirnseite schmückt das monumentale Jugendstilgemälde »Brunnen des Lebens« von Ludwig von Hofmann. Der Saal ist Teil der Präsenzbibliothek und wird ganz normal zum Lesen bestellter Medien genutzt. Eine Besichtigung ist daher eigentlich nur im Rahmen einer Führung möglich. Wer in der Information im Erdgeschoss nachfragt, darf aber in Begleitung einen Blick hineinwerfen.

■ www.dnb.de, Mo–Fr 9–22, Sa 10–18 Uhr, Führungen jeden 3. So im Monat, 11 Uhr, Treffpunkt im Foyer, 2 €

Im Neubau der Nationalbibliothek befindet sich das Buch- und Schriftmuseum

Deutsches Buch- und Schriftmuseum
| Museum |

Im gläsernen Erweiterungsbau, der über einen Durchgang mit dem Hauptgebäude der Deutschen Nationalbibliothek verbunden ist, sind die Ausstellungsräume des Deutschen Buch- und Schriftmuseums untergebracht. Unter dem Titel »Zeichen – Bücher – Netze« beleuchtet die Dauerausstellung 5000 Jahre Literatur- und Mediengeschichte von der Keilschrift bis zum digitalen Binärcode. Interessant sind die regelmäßigen Wechselausstellungen, die sich mit bedeutenden Verlegern, Medientechnik oder Kommunikationsdesign befassen.

■ www.dnb.de, Di–Mi, Fr–So, Fei 10–18, Do 10–20 Uhr, Eintritt frei

43 Alte Messe

30.4.19

Doppel-M und Sowjetstern erinnern an die Messe zu Zeiten des Sozialismus

■ Tram 2, 16 Deutsche Nationalbibliothek, Tram 2, 15 Altes Messegelände
■ Prager Str., www.alte-messe-leipzig.de

Das Alte Messegelände im Südosten der Stadt war von 1920–91 Veranstaltungsort der sogenannten Technischen Messe, auf der Maschinen, Traktoren, Werkstoffe und Baugeräte präsentiert wurden. Das rund 20 ha große Areal diente als Erweiterung der Ausstellungsflächen in der Innenstadt. Als die Leipziger Messe 1996 ihr neues Domizil im Norden der Stadt bezog (S. 67), wurde die Alte Messe als Gewerbegebiet ausgewiesen. Mehrere der ehemaligen Hallen stehen jedoch unter Denkmalschutz und wurden daher nicht abgerissen. So existiert auch noch der 1923/24 erbaute russische Pavillon mit strengem Portikus und einer 64 m hohen Turmspitze, auf der bis heute ein Sowjetstern prangt. Der Bau wird derzeit saniert und soll in den kommenden Jahren neue Heimat des Leipziger Stadtarchivs werden. Ein echter Blickfang ist auch das 27 m hohe, als Osttor konstruierte Mustermesse-Logo an der Prager Straße. Identische Tore befanden sich ursprünglich an allen vier Eingängen zum Gelände.

 Einkaufen

Am ersten Sonntag jedes Monats verwandelt sich das Alte Messegelände an der Prager Straße in einen lebendigen Trödel- und Antiquitätenmarkt.
■ Alte Messe 1, ca. 8–15 Uhr

44 Völkerschlacht- denkmal

 Begehbarer Steingigant mit Aussichtsplattform

■ Tram 2, 15, S-Bahn S1, S11 Völkerschlachtdenkmal
■ Straße des 18. Oktober 100, www.stadtgeschichtliches-museum-leipzig.de, April–Okt. tgl. 10–18, Nov.–März 10–16, Führung: Do 14 Uhr, 8 €, bis 6 Jahre frei

An diesem Bauwerk scheiden sich die Geister: Für viele Einheimische ist das Völkerschlachtdenkmal eines der wichtigsten Wahrzeichen der Region, weil untrennbar mit ihrer Geschichte verbunden. Andere sehen in ihm ein nationalistisches Monstrum, das den Krieg eher verherrlicht, als Frieden und Völkerverständigung zu fördern. Wer die Stadt besucht, sollte sich unbedingt selbst ein Bild machen, denn der 91 m hohe Steinkoloss ist eine der eindrucksvollsten Attraktionen Leipzigs und gerade die Auseinandersetzung mit seiner Symbolik macht die Besichtigung so spannend.
Errichtet wurde das Denkmal anlässlich des 100. Jahrestages der Völkerschlacht von Leipzig (1813), der verlustreichsten Schlacht, die die Welt bis dato erlebt hatte (S. 105). Nach Gründung des Deutschen Reichs (1871) und angesichts der näher rückenden Gedenkfeier war der Ruf nach einer würdigen Erinnerungsstätte immer lauter geworden. Bürger, Politiker und andere Patrioten gründeten daraufhin einen Förderverein, der das nötige Geld zur Finanzierung des Vorhabens zu-

Gespiegelt verdoppelt sich die bauliche Wucht des Völkerschlachtdenkmals

sammentrug. Architekt Bruno Schmitz realisierte schließlich den Bau – er zeichnet sich auch für das Kyffhäuser-Denkmal im Harz verantwortlich. Nach 15 Jahren Bauzeit wurde das Völkerschlachtdenkmal am 18. Oktober 1913 feierlich eingeweiht. In seiner trutzigen Gestalt verdeutlicht es bis heute den pathetischen Nationalstolz der Deutschen zu Zeiten des Wilhelminischen Kaiserreichs.

Mit der Besichtigung beginnt man am besten in der kreisrunden Ruhmeshalle, die man vom Sockel über zwei Außentreppen erreicht. Zwischen Bogenfenstern thronen hier vier fast zehn m hohe, muskelbepackte Sitzfiguren, die die Tugenden des deutschen Volkes verkörpern sollen: Tapferkeit, Glaubensstärke, Kraft und Opferfreude. Wie alle Bildhauerarbeiten innen und außen wurden sie von Franz Metzner gestaltet. Von der offenen Galerie sieht man hinab in die schmucklose Krypta. In ihrer Mitte befindet sich das symbolische Grab für die rund 100 000 in der Schlacht gefallenen Soldaten, das ringsum von breitbeinigen Kriegern bewacht wird. Legt man den Kopf in den Nacken, blickt man hinauf zur hellen Kuppel, deren Innenseite 324 Reiterfiguren schmücken. Unglaublich, aber wahr: Tatsächlich sind sie nahezu so groß wie echte Pferde. Dass sie von hier unten winzig, fast wie ein Tapetenmuster aussehen, unterstreicht eindrucksvoll die Dimensionen dieses Bauwerks. Aus nächster Nähe kann man die Kavallerie von der Sängergalerie im Turmbereich bestaunen, zu der man am schnellsten mit dem Aufzug gelangt. Eine enge Wendeltreppe führt von der noch höher gelegenen Stifterkuppel zur obersten Aussichtsplattform. Auf dem Dach angekommen wird man mit einer atemberaubenden Aussicht belohnt, die bei schönem Wetter bis zum Erzgebirge reicht. Wer sich für die historischen Hintergründe der Völkerschlacht interessiert, kann abschließend noch das Museum Forum 1813 besuchen, das in einem Seitenbau westlich des Denkmals untergebracht ist.

 Sehenswert

Südfriedhof
| Park |

Mit einer Fläche von 82 ha ist der Südfriedhof einer der größten Parkfriedhöfe Deutschlands. Im Schatten des Völkerschlachtdenkmals ruhen Leipzigs Stadtväter, Künstler und alteingesessene Bürger. Die Grabstätten erzählen von ihrem Leben und Schaffen und verdeutlichen die Ästhetik und Pietät verflossener Epochen.

■ Prager Str. 212, Haupteingang zwischen Prager und Connewitzer Str.

 Parken

Direkt am Völkerschlachtdenkmal befindet sich ein großer P+R-Parkplatz, auf dem man sein Fahrzeug kostenlos abstellen kann. ■ Friedensweg 3, durchgehend

🎵 **Konzert**

Die besondere Akustik mit monumentalem Echo im Innern der Gedenkstätte nutzt auch der Chor des Völkerschlachtdenkmals. Er wurde 2017 mit dem sächsischen Chorpreis ausgezeichnet und veranstaltet hier regelmäßig Konzerte – ein außergewöhnliches Erlebnis. ■ Termine: www.denkmalchor.de

Blutige Entscheidungsschlacht

Als sich das Jahr 1807 dem Ende zuneigte, beherrschte Napoleon Bonaparte fast ganz Europa. Doch es formierte sich zunehmend Widerstand, der in den Befreiungskriegen (1813–15) und letztlich im Niedergang des französischen Kaiserreichs mündete. Eines der wichtigsten Kapitel dieser militärischen Auseinandersetzungen wurde 1813 in der Leipziger Tiefebene geschrieben. Nachdem Napoleons Russlandfeldzug 1812 gescheitert war, verbündete sich Preußen im März 1813 mit Zar Alexander I. Im Sommer schlossen sich auch Österreich und Schweden dem Bündnis an, das zudem von England mit Geld und Waffen unterstützt wurde. Napoleon Bonaparte wiederum hatte Sachsen sowie Einheiten aus Polen und einigen Staaten des Rheinbunds auf seiner Seite. In Leipzig hatte er sein Hauptquartier bezogen und brachte im Oktober 1813 insgesamt 190 000 Mann und 690 Geschütze südöstlich der Stadt in Stellung. Doch 360 000 Soldaten und 900 Geschütze der anti-napoleonischen Verbündeten boten ihm die Stirn. Nach kleineren Gefechten begann am Morgen des 16. Oktober jenes unfassbare Gemetzel, das später als Völkerschlacht in die Geschichte eingehen sollte. Vier Tage später – und mit unzähligen Kanonenschlägen und Todesopfern – gelang es den Alliierten, Leipzig zu stürmen und die französischen Truppen zum Rückzug zu zwingen. Doch die Völkerschlacht war ein Pyrrhussieg, der zwar Napoleons Macht über Deutschland beendete, gleichzeitig aber 100 000 Soldaten das Leben kostete. Unzählige Menschen wurden verwundet; Leipzig und seine umliegenden Dörfer waren komplett verwüstet. Eine ähnliche militärische Katastrophe hatte die Welt bis zu diesem Zeitpunkt noch nie erlebt.

Am Abend

Augen auf und einfach treiben lassen ist die beste Strategie, um das Nachtleben der Leipziger Südvorstadt zu erleben. Die Kneipendichte ist so hoch wie in keinem anderen Viertel und viele Lokale sind wahre Alleskönner: Morgens Café, nachmittags Bistro und abends quirlige Cocktailbar. Für Theater, Musik & Co. sorgen vor allem die etablierten Kulturzentren.

Bühne

Sommertheater auf der Feinkost Junges Off-Theater, das pünktlich zum Sommeranfang zwei Monate lang im überdachten Innenhof des Kulturzentrums Feinkost e.G. präsentiert wird. Auch für Kulinarik ist gesorgt. ■ Karl-Liebknecht-Str. 36, Tram 10, 11 Südplatz, www.feinkostgenossenschaft.de, ab 19 Uhr, Tickets: Tel. 03 41/14 16 18

naTo Improtheater, Kindertheater, Kino, Konzerte, Performances, Lesungen: Das Kulturzentrum naTo bringt alles auf die Bühne, was Pfiff und Anspruch hat und gilt zudem als »Mutter aller Szenekneipen« im Kiez. ■ Karl-Liebknecht-Str. 46, Tram 10, 11 Südplatz, www.nato-leipzig.de, tgl. ab 18.30 Uhr, Tickets online

Konzert

Parkbühne Beliebte Open-Air-Bühne mitten im Clara-Park, auf der im Sommer nationale und internationale Stars auftreten. Auch Veranstaltungen des jährlichen Leipziger Wave-Gotik-Treffens (S. 132) finden hier statt. ■ Karl-Tauchnitz-Str. 28/Rennbahnweg, Tram 1, 2, 14 Marschnerstr., Tel. 03 41/48 40 00, www.parkbuehne-leipzig.de, Tickets bei den VVK-Stellen

Kneipen, Bars und Clubs

Barfly Schummrig-gemütliche Cocktailbar zum Ein- und Abtauchen ins Nachtleben der Südvorstadt. Bis 21 Uhr Happy Hour. ■ Karl-Liebknecht-Str. 79, Tram 10, 11 Südplatz, www.barfly-leipzig.de, tgl. ab 17 Uhr

Café Waldi Eine Mischung aus Pub und altdeutschem Wohnzimmer. Auch Restaurantbetrieb. ■ Peterssteinweg 10, Tram 10, 11 Hohe Str., S-Bahn Wilhelm-Leuschner-Platz, www.cafewaldi.de, Mo–So, Fr, Sa ab 23 Uhr Clubbing

Renkli Weinbar am Eingang zur Südvorstadt mit kleinem Außenbereich. Immer wieder DJ-Sets und Livemusik. ■ Karl-Liebknecht-Str. 2, Tram 10, 11 Hohe Str., S-Bahn Wilhelm-Leuschner-Platz, Mo–Sa ab 18 Uhr

Tanzcafé Ilses Erika Pop, Punk, Poetry Slam – und viel Livemusik. Mit gemütlicher Außenbar und Biergarten. ■ Bernhard-Göhring-Str. 152, Tram 9, 10, 11 Connewitz Kreuz, S-Bahn Connewitz, www.ilseserika.de, variierende Öffnungszeiten, Termine siehe Website

Kinos

Autokino Alte Messe Ja, so was gibt es noch! Das Autokino auf dem Alten Messegelände hat seinen motorisierten Gästen sogar kürzlich eine neue, große Leinwand spendiert. Scheibe putzen nicht vergessen! ■ Alte Messe 1, Zufahrt über Prager Str., www.a-kino. de, im Sommer tgl. ab Einbruch der Dunkelheit (bei jedem Wetter)

Sommerkino im Scheibenholz Riesige Leinwand auf der Galopprennbahn, 800 Sitzplätze auf der historischen Tribüne und Liegestühle zum Zurücklehnen. ■ Rennbahnweg 2a, Bus 89 Telemannstr., Tram 10, 11 Südplatz, www.sommerkino-leipzig.com, Einlass ab 19 Uhr, Tickets: LVZ-Foyer Peterssteinweg 19 oder online

Übernachten

Von elegant bis charmant kann man auch südlich der Altstadt übernachten. Während es im Musikviertel kaum Hotels und Pensionen gibt, punkten einige Adressen rund um die Karl-Liebknecht-Straße mit Komfort und guten Preisen.

€–€€

Via City Familiäres Hotel mit gutem Preis-Leistungsverhältnis direkt an der KarLi. ■ Karl-Liebknecht-Str 40, Tel. 03 41/211 33 05, www.via-city.de

Pension-Leipzig-Süd Günstige Doppelzimmer und kleine Wohnungen. Tipp: Apartment 8 im Obergeschoss mit Balkon und Blick über die Stadt. ■ Fichtestr. 12, Tel. 01 71/430 15 50, www.pension-leipzig-sued.de

€€

21 **Michaelis** Top-Adresse mit modernen, komfortablen Zimmern im Herzen der quirligen Südvorstadt. Die Tram ins Zentrum liegt fast vor der Haustür. Dank ruhiger Lage in einer Seitenstraße kann man trotzdem ungestört schlafen. Mit Restaurant und schicker Terrasse. ■ Paul-Gruner-Str. 44, Tel. 03 41/267 80, www.michaelis-leipzig.de

ADAC *Das besondere Hotel*

Wer Kunst nicht nur ansehen, sondern leben möchte: Mit zwei Apartments mischt die **Galerie für Zeitgenössische Kunst** seit Kurzem auch im Hotelgeschäft mit. Beide Unterkünfte in der GfZK wurden von Künstlern gestaltet – das eine kühl-elegant und das andere verspielt mit Blumentapete und bunten Badezimmerfliesen. Kleines Frühstück und Parkplatz inklusive.
€€ | Karl-Tauchnitz-Str. 9–11, Tel. 015 11/291 09 09, www.hotelgfzk.de, ab 120 €/2 Pers.

Die östliche Vorstadt

Von den Wurzeln der Leipziger Buch- und Verlagsbranche zu den Höhepunkten sozialistischer Architektur und Wohnkultur

Vor allem das Grassi-Museum lockt Besucher in den Leipziger Osten. Hier sind gleich drei Sammlungen auf engem Raum vereint und man kann sich kaum entscheiden, welches der hochkarätigen Museen man sich zuerst ansehen möchte. Der Johannisplatz ist Fixpunkt des östlichen Zentrums und mit dem angrenzenden Johannisfriedhof, der zum Verweilen einlädt, gleichzeitig ein angenehmer Ruhepol. Rundherum erstreckt sich das ehemalige Grafische Viertel, in dem heute vor allem die Namen von Straßen, Plätzen und Gebäudeensembles an die Vergangenheit Leipzigs als Buch- und Verlagsstadt erinnern. Anfang des 20. Jh. zählte das städtische Handelsregister weit über 2000 Betriebe des Buch- und Druckgewerbes, darunter bekannte Literatur- und Musikverlage wie Reclam, Teubner, Brockhaus und Edition Peters. Der Großteil dieser Unternehmen hatte sich damals zwischen Hauptbahnhof, Eilenburger Straße und Bayerischem Bahnhof nie-

dergelassen – auch, weil sich Leipzig Ende des 19. Jh. zu einem der wichtigsten Eisenbahn- und Verkehrsknotenpunkte Deutschlands entwickelte. Im Dezember 1943 richtete der Bombenhagel der Alliierten dann auch im Grafischen Viertel großflächige Verwüstungen an. Alles noch brauchbare Gerät beschlagnahmten und verschleppten nach dem Krieg die Sowjets. Daraufhin suchten viele der gebeutelten Verlage im Westen ihr Glück und nur wenige sind nach der Wende zurückgekehrt. Inzwischen ist in der Stadt aber ein lebendiges Netzwerk aus kleinen Verlagen, Designern und Literaturbüros entstanden. Mit jungen, kreativen Ideen versuchen sie, die Zukunft der Branche mitzugestalten. Mitmachen kann man auch im Mendelssohn- und Schumann-Haus in unmittelbarer Nachbarschaft. Die ehemaligen Domizile der beiden großen Künstler wurden zu Museen umfunktioniert. Vor allem das Mendelssohn-Haus überrascht dabei durch spielerische, interaktive Ausstellungsbereiche. Dass sozialistische Architektur nicht nur eindrucksvoll, sondern auch ästhetisch richtig ansprechend sein kann, beweist neben dem Ringbau am Roßplatz vor allem das retrofuturistische Wintergarten-Hochhaus, auf dessen Dach noch immer ein riesiges Mustermesse-Logo rotiert. Das 1972 fertiggestellte Wohnhaus zählt bis heute zu den höchsten Bauwerken Deutschlands.

In diesem Kapitel:

ADAC Empfehlungen:

(22) **Brasserie Frederic**
| Restaurant |
Lust auf Lunch? Hier landet die Liebe zu Gastronomie und Mittelmeerküche direkt im Topf und dann auf den Tellern der Gäste. 113

(23) **Book Hotel Leipzig**
| Hotel |
Ein Haus, das sich vor der alten Buch- und Verlagsstadt Leipzig verneigt – und seinen Gästen reichlich Komfort und Lesestoff bietet. 115

Die monumentale Ringbebauung am Roßplatz wirkt fast wie eine Stadtmauer

45 Ringbebauung am Roßplatz

Ehemaliger Komfortpalast für Arbeiter und Sinnbild stalinistischer Wohnkultur

■ Tram 2, 9, 16 Roßplatz
■ Roßplatz 1–14, www.ring-cafe-leipzig.de

Anfang des 17. Jh. waren die Areale südöstlich der Stadtmauer noch unbebaut. Damals wechselten am Roßplatz tatsächlich zweimal pro Jahr Pferde ihre Besitzer. Als die Befestigung ihre militärische Bedeutung einbüßte und sich Leipzig ausdehnte, entstanden rund um den Platz Gärten, Cafés, Theater und vornehme Herbergen. Sie alle fielen 1943 den alliierten Bombenangriffen zum Opfer. Nach dem Krieg verzichtete die DDR-Regierung auf den Wiederaufbau und errichtete am Roßplatz stattdessen einen monumentalen »Arbeiterpalast« mit großzügigem Wohnraum für die Werktätigen. Die Architektur des bis heute erhaltenen, konkav geschwungenen Gebäudekomplexes im »Zuckerbäckerstil« sollte Wohlstand und Blüte des Sozialismus unter Beweis stellen. Dabei hatte man keinerlei Rücksicht auf städtebauliche Strukturen genommen und mehre Seitenstraßen, die einst sternförmig in den Roßplatz mündeten, einfach abgeriegelt. Die gesamte Anlage besitzt 197 Wohnungen, im Erdgeschoss befinden sich einige Geschäfte und Lokale. Das Ring-Café mit Terrasse im ersten Stock war einst größtes Kaffeehaus der DDR. Hier ging die Parteielite ein und aus. Heute öffnet es nur noch für private Veranstaltungen.

46 Mendelssohn-Haus

Hier lebte und starb der große Komponist und Gewandhauskapellmeister

- Tram 2, 9, 16 Roßplatz
- Goldschmidtstr. 12, www.mendelssohn-stiftung.de, tgl. 10–18 Uhr, Mendelssohn-Rundgang: Sa 10 Uhr (10 €/2 Std.), 7,50 €, Konzert: 15 €

Felix Mendelssohn-Bartholdy (1809–47) war gerade einmal 28 Jahre jung, als er 1837 zum Gewandhauskapellmeister ernannt wurde. Wie kein anderer Dirigent zuvor beeinflusste er das Ensemble und verhalf ihm zu Weltruhm. Dabei brachte er nicht nur den damals fast in Vergessenheit geratenen Johann Sebastian Bach zurück ins Bewusstsein des Publikums – 1843 gründete der Musiker in Leipzig zudem das erste Konservatorium Deutschlands, das heute seinen Namen trägt. Von 1845 bis zu seinem frühen Tod 1847 bewohnte Mendelssohn-Bartholdy mit seiner Familie die Wohnung im ersten Obergeschoss der Goldschmidtstraße 12. Das klassizistische, dem Stil der italienischen Renaissance nachempfundene Gebäude (1844) beherbergt heute ein Mendelssohn-Museum. Wohnzimmer, Arbeitszimmer und Damenzimmer sind originalgetreu im Biedermeierstil ein-

Gefällt Ihnen das?

Wie im Mendelssohn-Haus kann man auch im modernen **Bachmuseum** in der Innenstadt an den Multimediastationen die Musik des Barockmeisters interaktiv erleben (S. 30).

gerichtet und bieten viele Hintergrundinformationen zum Werk und Leben des Komponisten. Im Musiksalon finden sonntags um 11 Uhr regelmäßig Konzerte statt.

 Kinder

Puppentheater Sternthaler Vor der Bühne des Puppentheaters sind die Kleinen ganz nah dran an Pettersson, Findus und anderen märchenhaften Helden. ■ Talstr. 30, Tickets: Tel 03 41/961 54 35 oder online, www.puppentheater-sternthaler.de, ab 6 €

47 Grassi-Museum

Kunst, Kulturen, Kontrabass: drei Sammlungen unter einem Dach

- Tram 4, 7, 12, 15 Johannisplatz
- Johannisplatz 5–11, www.grassimuseum.de, Di–So 10–18 Uhr, 8 € bzw. 6 € (Museum f. Musikinstrumente), bis 16 bzw. 18 Jahre frei (je nach Ausstellung), Kombiticket drei Museen: 15 €

Gleich drei unterschiedliche Museen beherbergt der rotbraune, trapezförmig angelegte Gebäudekomplex am Johannisplatz, der trotz hübscher Art-déco-Elemente von außen eher wie ein Internat oder Regierungsbau aussieht. Über die vier Innenhöfe der Anlage erreicht man das Völkerkundemuseum, das Museum für Angewandte Kunst sowie die Musikinstrumentensammlung der Universität Leipzig, die hier in nachbarschaftlicher Verbundenheit um die Gunst des Publikums werben. Das Völkerkundemuseum lädt auf zwei Etagen mit über 4200 m² Ausstellungsfläche zu einer Reise durch alle Kontinente ein und beleuchtet Kunsthandwerk sowie Leben, Sitten und Gebräuche fremder Kulturen. Fast 5000 Instrumente aus fünf Jahrhunderten Musikgeschichte kann man im Museum für Musikinstrumente bestaunen und manche davon im Klanglabor des Hauses auch ausprobieren. Schließlich zeigt das Museum für Angewandte Kunst ästhetisch ansprechende Gebrauchsgegenstände aus Europa und der ganzen Welt und deckt dabei eine Zeitspanne von der Antike bis zur Gegenwart ab. Am Ende tauchen Besucher dann noch in eine computergenerierte 360-Grad-Sinneslandschaft ein, in der sie digitale Kunst mit eigenen Körperbewegungen mitgestalten können.

 Parken

Parkplätze findet man in der Dresdner Straße und in den Querstraßen oder im Parkhaus am Gutenbergplatz.
■ Gutenbergplatz 1A, Einfahrt: 0–24 Uhr, 2 Std./3 €, 9 €/Tag

 Sehenswert

Johannisfriedhof
| Park |
Hinter dem Grassi-Museum liegt der Alte Johannisfriedhof. Seit 1883 finden hier keine Beerdigungen mehr statt, doch die historischen Grabsteine zwi-

ADAC *Spartipp*

Alle drei **Museen im Grassi** kann man immer am ersten Mittwoch im Monat gratis besuchen. Ein Abendticket bietet leider nur das Museum für Angewandte Kunst: Ab 17 Uhr beträgt der Eintrittspreis dort nur noch 4 € statt 8 €.

schen alten, knorrigen Bäumen verleihen der Parkanlage eine besondere Atmosphäre. Auch der Mäzen Franz Dominic Grassi, der sein Vermögen der Stadt hinterließ und ihr zahlreiche Bauvorhaben ermöglichte, fand auf dem Friedhof seine letzte Ruhe.
■ Zugang über den Innenhof des Grassi-Museums

 Events

Grassimesse Auf der traditionellen Grassimesse werden alljährlich ausgewählte Kunstwerke und Designobjekte präsentiert, die man bewundern und natürlich auch kaufen kann. ■ www.grassimesse.de, letztes Okt.-Wochenende, 8 €, bis 18 Jahre frei

48 Schumann-Haus

Hier schrieb ein Künstlerpaar Musik und Musikgeschichte

■ Tram 4, 7, 12, 15 Johannisplatz
■ Inselstr. 18, www.schumann-haus.de, Mo–Fr 14–18, Sa, So 10–18 Uhr, 5 €, bis 16 Jahre frei

Edel und vornehm wirkt das Haus in der Inselstraße 18. Robert Schumann (1810–56) bezog es 1840 mit seiner frisch angetrauten Frau, der 21-jährigen Konzertpianistin Clara Wieck. Ihre Wohnräume im ersten Stock dienen nun als Schumann-Museum, das den Lebensweg des Künstlerpaars nachzeichnet. Schumann war als 18-jähriger Jurastudent in die Messestadt gekommen, doch schon 1830 wandte er sich ganz der Musik zu. An Hörstationen kann man seinen Kompositionen lauschen, im Saal finden Lesungen und Konzerte statt.

Konzerte im Schumann-Haus: ein besonderes Erlebnis

 Kinder

Klangraum und Spielhörplatz Hier knarzt, pfeift und summt es: An der Installation des Künstlers Erwin Stache im Schumann-Haus kann man Gegenständen, die zu Lebzeiten des Komponisten erfunden wurden, Geräusche entlocken. Auch der Spielhörplatz im Innenhof bietet akustische Abenteuer aus Holz und Technik. ■ www.schumann-verein.de, nur mit Museumsbesuch, Sa, So 10–18 Uhr

49 Reclam-Carrée

Ehemalige Heimat der kleinen gelben Bildungsbücher

■ Tram 1, 3, 8 Hofmeisterstr.
■ Zwischen Insel-, Kreuz- und Egelstr., www.reclam-carree.de

Das Reclam-Carrée ist das Herzstück des einstigen Grafischen Viertels. Früher hatten hier, östlich des Stadtzentrums, zahlreiche Verlage und Produktionsbetriebe des Druckgewerbes ihren Sitz. An der Inselstraße entstanden 1895–1905 Verwaltungs- und Druckereigebäude des Reclam-Verlags, dessen gelbe Heftchen bei Schülern und Studenten bis heute beliebt sind. Bei Bombenangriffen wurde das Anwesen 1943 schwer getroffen und freie Verlagsarbeit war nach der sowjetischen Besatzung ohnehin nicht mehr möglich. Daher verlagerte Heinrich Reclam (1840–1920) den Verlag 1949 nach Baden-Württemberg. Nach der Wende wurde das Reclam-Carrée dem Stuttgarter Verlag rückübereignet. Die Häuser sind inzwischen restauriert; neben Büros und Wohnungen befinden sich darin Forschungseinrichtungen des Max-Planck-Instituts.

 Restaurants

⌖ **22** **€–€€ | Brasserie Frederic** Auf der Wochenkarte der Brasserie findet sich vor allem raffinierte Mittelmeerküche – frisch zubereitet und passend zur Jahreszeit. ■ Chopinstr. 31, Tel. 0 41/99 99 65 65, www.brasserie-fre deric.de, Mo–Fr 11–14.30 Uhr

Cafés

MundSwerk Behagliches Café, das neben süßen Aufwach-Klassikern auch herzhafte Leckerbissen serviert und am Wochenende günstige Frühstücksbuffets anbietet. ■ Kohlgartenstr. 3, Tel. 03 41/68 77 54 90, Mo–Fr 8–18 Uhr

50 Wintergarten-Hochhaus

So stellten sich DDR-Architekten die achteckige Zukunft des Wohnens vor

■ Tram 1, 3 Hofmeisterstr., Tram 8 Wintergartenstr.
■ Wintergartenstr. 2

Das Wintergarten-Hochhaus (1972) zählt zu den markantesten Gebäuden der Stadt und zeigt – das ist natürlich Geschmackssache –, dass die DDR-Architektur der 1970er-Jahre nicht nur »Platte«, sondern auch Bauten von futuristischer Eleganz und Kühnheit hervorgebracht hat. Das achteckige Design des fast 100 m hohen Wohnhauses mit Ein- bis Drei-Zimmerwohnungen stammt vom Architekten Horst Siegel, der auch an der Planung des Neuen Gewandhauses und des City-Hochhauses am Augustusplatz (S. 44) beteiligt war. Fast alle Wohnungen verfügen über Balkon oder Loggia. Das Wintergarten-Hochhaus ist nach dem City-Hochhaus und Westin Hotel das dritthöchste Gebäude Leipzigs und zählt zu den 100 höchsten Bauwerken des Landes. Blickfang ist das 20 t schwere und erst kürzlich restaurierte Mustermesse-Logo (»MM«), das noch heute auf dem Dach rotiert und mittlerweile unter Denkmalschutz steht. Die 600 m Leuchtstoffröhren wurden aus Kostengründen durch LED-Technik ersetzt.

Das riesige Messe-Logo macht das Wintergarten-Hochhaus unverwechselbar

Am Abend

Östlich des Zentrums ist das Nachtleben beschaulich. Einige Kneipen finden sich entlang der Dresdner Straße und am Täubchenweg in Reudnitz sowie südöstlich des Roßplatzes. Weiter nördlich haben Künstler und Studenten an der Eisenbahnstraße eine neue Heimat gefunden. Die Gegend ist immer noch für ihre hohe Kriminalitätsrate berüchtigt und Touristen sollten sie vor allem abends meiden.

 ## Konzert

Schumann Haus Im Schumann-Saal, in dem das Künstlerpaar einst illustre Gäste empfing, finden samstags regelmäßig Konzerte statt. ■ Inselstr. 18, Tram 4, 7, 12, 15 Johannisplatz, www.schumann-haus.de, Tickets: Tel. 03 41/39 39 21 91 oder VVK-Stellen

 ## Kneipen, Bars und Clubs

Chateau 9 Weinbar mit modernem Interieur. Neben offenen gibt es auch eine riesige Auswahl an Flaschenweinen, zu denen kleine Speisen serviert werden. ■ Dresdner Str. 3–5, Tram 4, 7, 12, 15 Johannisplatz, Tel. 03 41/30 85 74 00, www.chateau9.de, Mo–Sa 11–23 Uhr

Fischladen Puristische Szenekneipe mit günstigen Cocktails und hauseigener Biermarke. ■ Dresdner Str. 49, Tram 4, 7 Gerichtsweg, Di–So ab 19 Uhr

Rumpelkammer Bar im plüschigen Retro-Stil mit Kulturprogramm. ■ Dresdner Str. 25, Tram 4, 7, Gerichtsweg, www.rumpelkammer-leipzig.de, Mo–Fr ab 17, Sa, So ab 18 Uhr

 # Übernachten

Während es am City-Ring jenseits des Augustusplatzes mehrere Übernachtungsoptionen gibt, nimmt die Zahl der Hotels Richtung Osten schnell ab. Vor allem im Grafischen Viertel findet man jedoch einige empfehlenswerte Häuser.

€

Pentahotel Leipzig Komfortable, preiswerte Unterkunft mitten im Grafischen Viertel. Die Zimmer bieten einen angenehmen Mix aus Design und Gemütlichkeit. Mit Restaurant, Bar und Pentalounge, dazu Pool und Fitnessbereich. ■ Großer Brockhaus 3, Tel. 03 41/129 27 60, www.pentahotels.com

€–€€

(23) **Book Hotel Leipzig** Das familiär geführte Haus ist eine wohnliche Reminiszenz an die alte Verlagsstadt und sieht von außen selbst aus wie ein riesiges Buch. Auch innen gibt es viel Lesestoff – griffbereit in Regalen oder als Dekoration. ■ Auguste-Schmidt-Str. 6, Tel. 03 41/550 09 50, www.book-hotel-leipzig.de

Stadtrand und Umland

Pack die Badehose ein! Oder lieber den Picknickkorb? Rund um die Stadt warten Seen, viel Natur und herrliche kleine Städte

Blau und Grün in allen Schattierungen – das sind die Farben, die rund um Leipzig und vor allem am südlichen Stadtrand das Grau der Straßen und Häuser zunehmend verdrängen. In leuchtendem Azur spannt sich im Sommer der Himmel über die Wasserflächen des Leipziger Neuseenlandes, auf denen bunte Segelboote dahingleiten. So schön und erholsam es hier heute ist: Noch immer hat die Landschaft etwas Künstliches. Kein Wunder, erstreckt sich doch südlich von Leipzig mit dem Mitteldeutschen Braunkohlerevier eines der landesweit größten Abbaugebiete des fossilen Brennstoffs. Noch vor wenigen Jahrzehnten glich die Gegend rund um den Cospudener, Markkleeberger und Störmthaler See einer Mondlandschaft. Unzählige Dörfer mussten den riesigen Schaufelradbaggern weichen. Im Freilichtmuseum des Bergbau-Technik-Parks am Westufer des Störmthaler

Sees kann man die Ungetüme aus nächster Nähe betrachten. Oder man fährt südwärts Richtung Neukieritzsch – hier ist der Braunkohleabbau noch in vollem Gange. Rund um Markkleeberg können die Menschen jedoch aufatmen: 2012 wurde die Flutung des Störmthaler Sees abgeschlossen. Zusammen mit den deutlich kleineren Markkleeberger und Cospudener Seen und dem ganz neu entstandenen Zwenkauer See bildet er eines der attraktivsten Naherholungsgebiete in Mitteldeutschland. Hier kann man nicht nur baden, paddeln, segeln und Wasserski fahren, sondern rundherum auch Wanderungen und Radtouren unternehmen oder Vögel beobachten, die sich die Uferzonen dankbar zurückerobern. Doch auch am noch näheren Stadtrand wartet Natur darauf, entdeckt zu werden – etwa im Connewitzer Wildpark, in dem über 250 Wildtiere beheimatet sind. Weiter südlich kann man im riesigen agra-Park auf den Spuren der Völkerschlacht und der alten DDR-Landwirtschaftsschau wandeln und zu Pfingsten die aufwendigen Kostüme der Gotik-Szene bestaunen. Zu guter Letzt können die Ausflüge ins östliche und südöstliche Umland, etwa ins nahe Grimma, nur den Appetit anregen auf die herrlichen Landschaften, Schlösser, Mühlen, Weiler und mittelalterlichen Städte, die sich entlang der Mulde und im nordsächsischen Platten- und Hügelland finden.

In diesem Kapitel:

ADAC Top Tipp:

 Leipziger Neuseenland
| Naherholungsgebiet |
Vom »Cossi« bis zum Störmthaler See:
Aus verwüsteter Mondlandschaft ist
ein Bade- und Freizeitparadies entstanden, das auch Tiere und Pflanzen
dankbar annehmen. 120

ADAC Empfehlungen:

 Deutsches Fotomuseum
| Museum |
Neben Fotokunst staunt man hier vor
allem über eine riesige Sammlung
historischer Kameras und nostalgi-
scher Ausrüstung. 119

Grimma
| Stadt |
Ein Ort wie aus dem Bilderbuch: Wer
die beschaulich-malerische Provinz
erleben will, sollte das Städtchen
Grimma vor den Toren Leipzigs be-
suchen. 123

51 Wildpark Leipzig

*Im südlichen Auwald geht es
ganz schön wild zu!*

- Tram 9, Bus 107 Wildpark
- Südlicher Auwald, Koburger Str. 12,
www.wildparkverein-leipzig.de, Mitte
März–Okt. tgl. 9–19, Nov.–Mitte März
9–17 Uhr, Führungen auf Anfrage

Im Südwesten des Stadtteils Connewitz gehen die städtischen Parkanlagen in den lichten Auwald zwischen
Floßgraben und Pleiße über. Schon
seit über 100 Jahren gibt es hier, an der
Grenze zur Nachbargemeinde Markkleeberg, ein über 45 ha großes Naherholungsgebiet mit Tiergehegen, in
denen sich Rehe, Hirsche, Wildschwei-
ne und Wisente tummeln. Auf einem
Erlebnispfad können die Tiere hautnah beobachtet werden. Das weitläufige Areal eignet sich bestens für
Familienausflüge und bietet mehrere
Spielplätze und Einkehrmöglichkeiten.

 Kinder

Haustierfarm Besonders kleine Kinder
lieben das Erlebnisgelände im Wildpark mit Schweinen, Enten, Eseln und
Kaninchen, die man streicheln, und
Pferden, auf denen man reiten darf.
- www.haustierfarm-leipzig.de, 6 €, Kinder 4 €

ADAC *Wussten Sie schon?*

Am Floßgraben westlich des Wild-
parks brütet der seltene und
streng geschützte Eisvogel. Zwischen März und September dürfen Boote den Kanal daher nur
eingeschränkt befahren.

52 agra-Park

*Vom Messestandort zum Multifunk-
tionspark am Rande des Auwalds*

- Tram 11 Leinestr., S-Bahn S2, S3, S5
Markkleeberg-Nord
- Helenenstr. 24, www.agra-park.info,
Parkführungen siehe Webseite

Fast 200 ha umfasst das ausgedehnte
agra-Gelände, das sich vom Stadtteil
Dölitz aus entlang der Pleiße Richtung
Markleeberg erstreckt. Es ging aus
dem historischen Herfurth'schen
Landschaftspark – dem heutigen süd-
westlichen Teil der Anlage – hervor, in
dem der Leipziger Zeitungsverleger
sich Anfang des 20. Jh. eine Villa im
Grünen mit pompöser Gartenanlage
errichten ließ. Nach dem Zweiten
Weltkrieg und Herfurths Enteignung
wurde das Gelände erweitert und war
zu DDR-Zeiten Schauplatz der agra-
Messe, auf der jährlich sozialistische
Trends der Land- und Forstwirtschaft
präsentiert wurden. Als 2005 auch die
agra aufs neue Messegelände im Norden der Stadt umzog, verwandelte
sich das gesamte Gebiet in einen großen Landschaftspark. In den einstigen
Messehallen werden immer noch
Ausstellungen und Events veranstaltet. Über die Stadt- und Landesgren-
zen hinaus bekannt ist das alljährliche
Wave-Gotik-Treffen (S. 132). Der Park
mit den angrenzenden Flussauen ist
heute aber vor allem eine beliebte Er-
lebnislandschaft, die so groß ist, dass
man sie am besten mit dem Fahrrad
erkundet. Idealer Ausgangspunkt dafür ist das Torhaus Dölitz an der Hele-
nenstraße. Zwölfmal im Jahr findet auf
dem Gelände der renommierte Antik-
und Trödelmarkt statt.

Sehenswert

Torhaus Dölitz
| Museum |

Das Dölitzer Torhaus markiert den nordöstlichen Eingang des agra-Parks. Wo heute die Mühlpleiße dahinplätschert, befand sich schon im 10. Jh. eine sorbische Wasserburg, die 1636 zum Dölitzer Schloss im Renaissancestil umgebaut wurde. Nur das benachbarte Torhaus blieb im Zweiten Weltkrieg verschont. Auf drei Etagen werden hier heute über 100 000 Zinnfiguren gezeigt.

■ Helenenstr. 24, www.torhaus-doelitz. eu, Mi, Sa, So, Fei 10–16.30 Uhr, 5 €, bis 4 Jahre frei

Deutsches Fotomuseum
| Museum |

 3000 Kameras aus drei Jahrhunderten Fotografiegeschichte

Am nordwestlichen Rand des agra-Parks befindet sich das Deutsche Fotomuseum. Die umfangreiche Dauerausstellung dokumentiert die Geschichte der Fotografie seit 1800 und erklärt anschaulich früheste Aufnahmetechniken. Hinzu kommen diverse Sonderausstellungen. Höhepunkt sind die vielen historischen Kameras: Gezeigt werden rund 3000 Modelle aus drei Jahrhunderten.

■ Raschwitzer Str. 11–13, Markkleeberg, www.fotomuseum.eu, Di–So 13–18 Uhr, 6 €, Kinder 4 €

Events

Leipzig 1813 Die Wiesen hinter dem Torhaus verwandeln sich alljährlich am Wochenende, das dem 18. Oktober am nächsten liegt, in ein Heerlager. Laienschauspieler stellen dann in authentischen Kostümen und Ausstattungen die Völkerschlacht nach. Dazu wird ein Bauernmarkt abgehalten und zahlreiche Veranstaltungen wie Konzerte, Ausstellungen und ein opulentes Feuerwerk begleiten das Spektakel.

■ www.leipzig1813.com

Eine historische Riesen-Kamera ist Blickfang im Foyer des Deutschen Fotomuseums

53 Leipziger Neuseenland

Urlaub am Stadtrand: Leipzigs wasserreicher Vorgarten

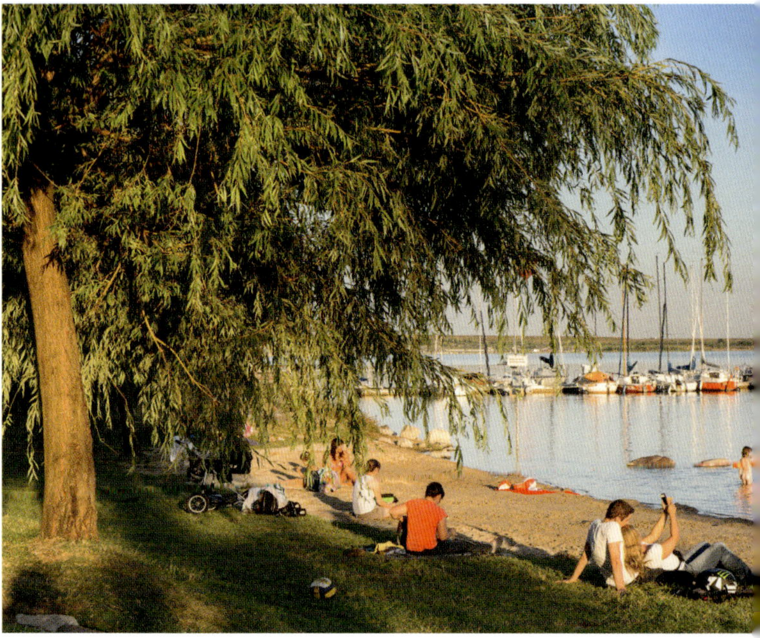

Kroatien? Nein, dieser Badestrand liegt tatsächlich am Markkleeberger See

i Information

- Anreise und Parken siehe Kasten ADAC Mobil S. 122
- www.leipzig.travel/de/leipziger neuseenland

10 *Feiner Sandstrand, wildes Wasser und jede Menge Natur*

Sogar auf Satellitenfotos sind die riesigen Seen südlich von Leipzig zu erkennen. Sie alle sind ein Werk des Menschen. Denn wo heute Segelboote dahingleiten, wurde bis in die 1990er-Jahre Braunkohle abgebaut. Durch Flutung der riesigen, ausgebaggerten Gruben des Tagebaus entstand schließlich ein großflächiges Freizeit- und Erholungsgebiet.

Sehenswert

a Cospudener See

| Naherholungsgebiet |

»Cossi« nennen viele Leipziger den rund vier km² großen Cospudener See vor den Toren der Stadt. Anziehungspunkt ist im Sommer vor allem der ein km lange, feinsandige Nordstrand. Vom Besucherparkplatz führt ein Fußweg zur flach abfallenden Bucht mit Liegewiese, Strandbars und Volleyballfeldern. Ruhiger und familiärer geht es

Plan
S. 123

unterschiedliche Erlebnisbereiche mit Fahrgeschäften, Shows und anderen Abenteuern. ■ Zur Weißen Mark 1, www.belantis.de, April–Okt., Öffnungszeiten siehe Webseite, 35 €, bis 4 Jahre frei, 5–11 Jahre 30 €

c Markkleeberger See
| Naherholungsgebiet |
Auch der Markkleeberger See hat sich seit seiner Flutung im Jahr 2006 zum abwechslungsreichen Naherholungsgebiet gemausert. Gut besucht sind die Seepromenade am Nordufer mit Cafés, Restaurants, Bootsanleger und Sandstrand sowie das südöstliche Auenhainer Ufer. Neben einer weitläufigen Badebucht locken hier der rasante Kanupark Markkleeberg (s. u.) sowie ein Wassersportzentrum mit Bootsverleih. Weiter südlich verbindet ein 850 m langer Schleusenkanal Markkleeberger und Störmthaler See. Um den See führt ein zehn km langer Weg.
■ Auenhainer Str. 1 (Seepromenade), Am Feriendorf 2 (Auenhainer Strand), Markkleeberg, www.leipzigseen.de

am Oststrand zu. Noch weiter südlich befindet sich am Hafen Zöbiker ein belebtes Wassersportzentrum. Hier kann man Boote mieten oder den zehn km langen Uferrundweg erkunden.
■ Ziegeleiweg (Nordstrand), Mühlweg (Ostrand), Hafenstraße (Hafen Zöbiker), Markkleeberg, www.leipzigseen.de

b Belantis
| Freizeitpark |
Schon von Weitem sieht man die glänzenden Turm- und Pyramidenspitzen des Freizeitparks Belantis am Südufer des Cospudener Sees. Im 30 ha großen Park gruppieren sich rund um das »Schloss Belantis« sieben thematisch

d Störmthaler See
| Naherholungsgebiet |
Die Flutung des Sees wurde 2012 beendet und vieles ist hier noch im Aufbau. Mittlerweile gibt es aber schon Wege, Badeplätze sowie ein modernes Ferienressort mit Hafen und Bootsverleih auf der Magdeborner Halbinsel. Blickfang ist die Kirchen-Insel »Vineta«, eine Event-Location und zugleich Kunstwerk.
■ Hafenstr. 1, Großpösna, www.leipzigseen.de

Bergbau-Technik-Park
| Freilichtmuseum |

Mit welch gewaltiger Kraft das Neuseenland geformt wurde, zeigt der Bergbau-Technik-Park an der Nordwestspitze des Störmthaler Sees. Hier kann man über riesige Schaufelradbagger und andere monströse Geräte staunen und sich über Hintergründe des Tagebaus informieren. Eine lohnende Ergänzung zum heutigen Naturparadies Neuseenland!

■ Hauptstr. 19, Großpösna, www.berg bau-technik-park.de, Mitte März–Mitte Nov. Mi–So 10–17 Uhr, 7 €, bis 5 Jahre frei

ADAC *Mobil*

Vom Stadtzentrum aus erreicht man das Neuseenland in rund 20 Minuten mit den **S-Bahnlinien** S3, S5, S5X (Haltestelle Markkleeberg). Von hier fährt die **Buslinie** 65 in ca. 10 Minuten zum Cospudener See (Nordstrand). Die anderen Seeufer werden von der »MS Cospuden« angesteuert (www.aufinsabenteu er.de, Sommer: Mo–Sa stdl. ab 13, So, Fei ab 12 Uhr, Einzelfahrt 3,50 €, Kinder 1,50 €). Zum Markkleberger See (Nordufer) dauert es mit der **Tramlinie** 11 (Markkleberg-Ost) ab Hauptbahnhof rund eine halbe Stunde. Von hier fährt die **Buslinie** 106 in zehn Minuten zum Auenhain (Kanupark) und weiter zum Störmthaler See (Hafen). Besonders schön ist ein Ausflug ins Neuseenland mit dem **Rad** (www.elsterradweg.de) oder **Boot** vom Leipziger Stadthafen (S. 76) aus. Wer mit dem **Auto** unterwegs ist: Rund um alle Seen befinden sich große, meist gebührenpflichtige Parkplätze.

 Restaurants

€€–€€€ | **Seehaus Cospuden** Schickes Restaurant mit Sonnenterrasse. Unbedingt reservieren! ■ Ostuferweg 1, Markkleeberg, Tel. 03 41/35 88 26 03, www.see haus-cospuden.de, Mi–Sa 17–23, So 12–22 Uhr, Plan S. 123 b2

 Sport

Kanupark Markkleeberg Am südlichen Ende des Markkleeberger Sees schießen wilde Wasser durch Betonkanäle. Abenteuerlustige können sie im Schlauchboot oder Kajak bewältigen. ■ www.kanupark-markkleeberg.com, Reservierung empfohlen, ab 42 € (Rafting: Mindestalter 12 Jahre), Plan S. 123 b2

54 Machern

Romantisches Schloss und geheimnisvoller Stasi-Bunker

■ Machern, auf der B6 ca. 20 km nach Osten, www.gemeinde-machern.de

Westlich des Muldetals beginnt bei Machern das reizvolle Hügelland, das den Norden Sachsens prägt. Nicht weit von der Durchgangsstraße des Dorfes liegt Schloss Machern. Ursprünglich im 16. Jh. als Wasserburg errichtet, wurde es nach dem Dreißigjährigen Krieg zur Barockanlage und später zum historischen Wohnschloss umgebaut. Blickfang im umliegenden Englischen Landschaftspark sind der kleine Hygieia-Tempel (1797) sowie eine künstlich geschaffene Burgruine (1753–1815). Ein beklemmender Kontrast zur Schlossromantik ist der ehemalige Stasibunker an den nahe gelegenen Lübschützer Teichen.

 Sehenswert

Stasibunker Lübschützer Teiche

| Historisches Bauwerk |

Nördlich von Machern, an den Lübschützer Teichen, versteckte die Stasi über Jahrzehnte eine geheime Kommandozentrale. ■ 2 km nordwärts über Püchauer Str., www.runde-ecke-leipzig.de, letztes Wochenende im Monat 13–16 Uhr, regelm. Führungen, 5 €

55 Grimma

Mittelalterliches Kleinstadt-Juwel am Ufer der Mulde

■ A14, Abfahrt Grimma, dann B107, 20 km südöstl. von Leipzig, www.grimma.de

Wie ein langes Band schmiegt sich das mittelalterliche Zentrum der Stadt Grimma ans linke Muldeufer. Vom Wohlstand der einstigen Tuchmacher- und Handelsstadt zeugen bis heute herrliche alte Bürgerhäuser, vor allem aber das schmucke zweistöckige Renaissancerathaus am Marktplatz. Folgt man von hier der Langen Straße südwärts, grüßen schon von Weitem die beiden markanten, spitz zulaufenden Türme der gotischen Frauenkirche (1230). Sehenswert sind auch das 1550 als sächsische Fürstenschule gegründete Gymnasium St. Augustin, das Grimmaer Schloss (15. Jh.), die Klosterruine Nimbschen sowie die Pöppelmannbrücke. Sie wurde 1719 vom Baumeister des Dresdner Zwingers errichtet und bei der Flutkatastrophe 2003 und 2004 schwer beschädigt.

Restaurants

€€ | **Ratskeller** Innovative Landküche in den historischen Gaststuben unter dem Rathaus – mittags sogar zu günstigen Preisen. ■ Markt 27, Grimma, Tel. 034 37/941 84 44, www.ratskellergrimma.de, Mo–Sa ab 11.30 Uhr

Übernachten

Nah an der Stadt, aber nicht zu nah. Das kann für alle Leipzig-Urlauber interessant sein, die der Großstadt für ein paar Tage entfliehen und in die ländliche Idylle des Umlands eintauchen wollen – oder aber die vielen Sport- und Freizeitmöglichkeiten des Neuseenlands voll auskosten möchten. Direkt am Wasser sind in den letzten Jahren moderne Ressorts und Ferienhaussiedlungen entstanden. Bodenständiger logiert man in den Gasthöfen links und rechts der Mulde.

€

Seepark Auenhain Familienfreundliche, noch sehr junge Ferienanlage direkt am Markkleeberger See. Zur Wahl stehen 12 Apartments und 32 Ferienhäuser bis 95 m² Wohnfläche. Mit Restaurant, Wellness- und Kinderhaus, Fahrradverleih. ■ Am Feriendorf 2, Markkleeberg, Tel. 03 42 97/986 80, www.seepark-auenhain.de, Mindestaufenthalt Hauptsaison 3 Nächte

€–€€

Denkmalschmiede Höfgen Einladende Wohnstudios mitten im Grünen in verwinkeltem Fachwerkhof aus dem 17. Jh. Hotel-Restaurant mit regionaler Küche (Mo–Do 18–21 Uhr, Reservierung empfohlen). ■ Teichstr. 12, Grimma/Kaditzsch, Tel. 034 37/987 70, www.hoefgen.de

€€

Seehof Von außen modernes, von innen im Landhausstil möbliertes 4-Sterne-Haus am Zwenkauer See im südlichen Neuseenland. Mit Spa- und Fitnessbereich. ■ Zur Harth 1, Zwenkau, Tel. 03 42 03/57 10, www.seehof-leipzig.de

Kloster Nimbschen Idyllisches Landhotel an der Klosterruine Nimbschen, in der einst Katharina von Bora, spätere Ehefrau Martin Luthers, lebte. Angeboten werden Zimmer und Suiten in 3- und 4-Sternekategorie. ■ Nimbschener Landstr. 1, Grimma, Tel. 034 37/99 50, www.kloster-nimbschen.de

ADAC *Das besondere Hotel*

Die topmoderne Anlage **Lagovida** bietet schicke, holzverkleidete Hafenhäuschen (2 Schlafzimmer, 4 Pers.) am Störmthaler See mit eigener Terrasse, Sauna, Kamin und großen Panoramafenstern sowie idyllische Dünenhäuser mit eigenem Strandbereich. Ideal für Familien, auch Hunde sind erlaubt. €€ | Hafenstr. 1, Großpösna, Tel. 03 42 06/77 50, www.lagovida.de

NAUMBURG
ÜBERRASCHT.

Lass dich fernab großstädtischer Hektik treiben,

bummle durch die historische Altstadt und schau dir die prunk vollen Häuser, originellen Portale und architektonischen Meister werke an. Lausche den Geschichten und Anekdoten des Guides Bestaune den weltberühmten Dom, Uta wartet auf dich im Innern m idyllischen Domgarten kannst du verweilen. Genieße die Ruhe Verschicke ein Foto an deine Freunde und lass dich im Restauran verwöhnen. Ein Glas Saale-Unstrut-Wein darf bei einem guter Essen nicht fehlen. Steige die Stufen hinauf auf den Turm der Kirch St. Wenzel - die Aussicht ist genial. Halte inne im Kircheninnern und lausche den Klängen der weltweit größten Bach-Orgel. Müde Füße Kein Problem, die Naumburger Oldtimer-Straßenbahn bringt dich zum nächsten Ziel. Und sonst? Lass dich überraschen. Naumbur und Saale-Unstrut haben echt viel zu bieten.

ANREISE AB LEIPZIG.
Regionalbahn 35 Minuten - IC 45 Minuten - Hin- und Rückfahrt ab 9,50 p. P. - Mobil ca. 1 Stunde - Parken: „Vogelwiese" Altstadtpark platz, Pkw 4 Std. 2 € - 1 Tag 4 € - Busse frei

NAUMBURG TOURISMUS. (03445 273-125
www.naumburg-tourismus.de

ADAC *Service Leipzig*

Beim **ADAC Infoservice**, in den **ADAC Geschäftsstellen** sowie auf dem **Internetportal des ADAC** (www.adac.de) erhalten Sie Informationen zu den Dienstleistungen des Automobilclubs und zu Ihrem Reiseziel. Als **ADAC Mitglied** können Sie zudem das kostenlose **ADAC TourSet® Leipzig – Mittlere Elbe** mit vielen Reiseinfos und Karten anfordern oder die **TourSet App** auf dem **Smartphone** oder **Tablet-PC** installieren (www.adac.de/toursetapp). Rufen Sie bei Notfällen und Pannen den **ADAC Notruf** bzw. den **ADAC Auslandsnotruf** an. Unser Team steht Ihnen rund um die Uhr zur Verfügung.

ADAC Infoservice
Tel. 0 800/510 11 12
Infos zu allen ADAC Leistungen
(Mo–Sa 8–20 Uhr, gebührenfrei)

ADAC Notruf Deutschland
Tel. 0 180/222 22 22
(24 Std., ca. 6 ct/Anruf, max. 42 ct/Min. aus deutschem Mobilfunknetz)

ADAC Notruf Mobil-Kurzwahl
Tel. 22 22 22
(Gebühren variieren je nach Netzbetreiber)

ADAC Auslandsnotruf
Tel. +49/89/22 22 22
(Gebühren variieren je nach Netzbetreiber und Land)

Internet-Serviceangebote des ADAC für Ihre Reiseplanung

Service	Webadresse
Aktuelle Verkehrslage	www.adac.de/verkehr
ADAC Routenplaner	www.adac.de/maps
Infos zu Tankstellen und Spritpreisen	www.adac.de/tanken
Infos zu mautpflichtigen Strecken	www.adac.de/maut
Infos zu Fährverbindungen	www.adac.de/faehren
ADAC TourMail (Aktuelle Infos vor Anreise)	www.adac.de/tourmail
Informationen für Camper	www.adac.de/camping
Informationen für Motorradfahrer	www.adac.de/motorrad
Informationen für Segler und Skipper	www.adac.de/sportschifffahrt
ADAC Reiseangebote	www.adacreisen.de
ADAC Autovermietung	www.adac.de/autovermietung
ADAC Mitfahrclub (offen für alle)	www.adac.de/mitfahrclub
ADAC Versicherungen für den Urlaub	www.adac.de/versicherungen
Weltweite Preisvorteile für ADAC Mitglieder	www.adac.de/vorteile-international

Diese **Produkte des ADAC** könnten Sie interessieren: **ADAC Reiseführer Dresden, ADAC Reiseführer Thüringen** und **ADAC Campingführer Deutschland** und **Nordeuropa** – erhältlich im Buchhandel, bei den ADAC Geschäftsstellen und in unserem ADAC Online-Shop (www.adac.de/shop).

Anreise

Auto

Leipzig liegt am Schnittpunkt der Autobahnen A9 (München–Berlin) und A14 (Magdeburg–Dresden). Südlich der Stadt durchquert die A38 das Leipziger Neuseenland und verbindet die A14 mit der A9. Fast das gesamte Stadtgebiet ist als Umweltzone ausgewiesen (S. 132 »Umweltzone«)

Bahn

Anreisedauer Leipzig

(ca. Stunden, jeweils schnellste Verbindung/Schnellzüge, bei normalem Verkehr)

Stadt	Distanz	Pkw	Bahn
Berlin	190 km	2,5	1,25
Hamburg	400 km	4,25	3,0
München	430 km	4,5	3,25
Köln	500 km	5,25	4,5
Frankfurt a.M.	400 km	4,25	3,0
Stuttgart	480 km	4,75	4,75
Hannover	260 km	3,0	2,75
Wien	550 km	6,5	7,0
Zürich	700 km	7,25	7,25

Die **Deutsche Bahn (DB)** fährt Leipzig Hbf auf den Strecken München–Berlin und Frankfurt/Main–Dresden mit dem **Intercity Express (ICE)** an. Vor allem für Reisende aus dem Norden und Süden haben sich die Fahrzeiten seit Eröffnung der letzten Teilstücke der Hochgeschwindigkeitstrasse München–Berlin deutlich verkürzt. So gibt es zwischen München und Berlin stündliche ICE-Verbindungen, die auch in Leipzig Halt machen. Wichtigstes mitteldeutsches Drehkreuz der Bahn ist jetzt Erfurt. Zugreisende, die vom neuen Geschwindigkeitswunder profitieren wollen, müssen hier meist

umsteigen. Ein **Ticket** (nur Hinfahrt, ohne Platzreservierung) ab Hamburg, Köln oder München kostet regulär rund 100 €, ab Berlin rund 50 €. Wer rechtzeitig bucht und den **Spartarif** auswählt, kann hin und zurück aber schon für rund 50–70 € reisen.

Deutsche Bahn

■ Servicerufnummer: Tel. 01 80/699 66 33 (dt. Festnetz 20 ct/Anruf, dt. Mobilfunknetz max. 60 ct/Anruf), www.bahn.de

Bus

Je nach Zahl der Mitfahrer reist man mit dem **Fernbus** günstiger als mit dem eigenen Auto. Hin- und Rückfahrt kosten je nach Reisetag, Vorlauf und Distanz ca. 40–60 € pro Person. Preise und Anbieter kann man unter **www.busliniensuche.de** vergleichen. Bis zur Fertigstellung des neuen **Zentralen Omnibusbahnhofs (ZOB)** an der Ostseite des Leipziger Hauptbahnhofs (geplant Anfang 2018) halten die meisten Fernbusse in der **Goethestraße** am Oberen Park hinter der Oper. Fernbusterminals befinden sich auch am **Flughafen Leipzig-Halle** sowie auf dem **Messegelände**.

Flugzeug

Der **Flughafen Leipzig-Halle** (LEJ) liegt rund 20 km nordwestlich vom Stadtzentrum am Schkeuditzer Kreuz (Abfahrt A14: Schkeuditz, A9: Großkugel/B6). **Linienflüge** gibt es zu den Städten Düsseldorf (DUS), Köln/Bonn (CGN), Frankfurt (FRA), München (MUC), Stuttgart (STR), Wien (VIE) und Zürich (ZRH). Die Netto-Flugzeit beträgt 60 Min. (Österreich/Schweiz: 90 Min.). Die **S-Bahnlinien** 5 und 5X (30-Minuten-Takt, Einzelfahrt: 4,60 €, Kinder: 2,60 €) fahren vom Flughafen in rund 20 Minuten ins Zentrum. Alternativ verkehren zweistündlich **Intercity-Züge** der Bahn (ca. 6 €) vom Airport in die Stadt. Ein **Taxistand** befindet sich vor Terminal B, die Fahrt ins Zentrum dauert rund 30 Min. und kostet zwischen 40 und 45 €. Wer lieber in einen **Mietwagen** umsteigt: Im Erdgeschoss der An-und Abflughalle haben die großen Anbieter ihre Kundenschalter.

Leipzig-Halle Airport

■ Flughafeninformation: Tel. 03 41/224 11 55 (24 h), Gepäckermittlung: Tel. 03 41/224 16 31, Erste Hilfe: Tel. 03 41/22 41 12, Bundespolizei: Tel. 03 41/224 18 00, www.leipzig-halle-airport.de

Auto und Straßenverkehr

Leipzig ist eine Fahrrad- und Fußgängerstadt. Zudem ist der Öffentliche Personennahverkehr gut ausgebaut. Autofahrer müssen die Straßen also fast immer mit Trambahnen und Bussen teilen. Am Steuer sollte man daher sehr aufmerksam auf schwächere Verkehrsteilnehmer achten, beim Abbiegen immer blinken und dabei lieber einmal zu oft als zu selten in den Seitenspiegel bzw. über die Schulter blicken. Eine erhöhte **Unfallgefahr** besteht vor allem rund um den Hauptbahnhof, wo sehr viele Fußgänger und Radler bei extremer Verkehrsdichte gleichzeitig die Straße kreuzen. Zu Staus kommt es während der Stoßzeiten häufig auf dem City-Ring.

Umweltzone

Fast das gesamte Leipziger Stadtgebiet ist als **Umweltzone** ausgewiesen, in der nur Fahrzeuge mit grüner Feinstaubplakette (Schadstoffgruppe 4, www.umweltplakette.de) unterwegs sein dürfen. Auch die P+R-Parkplätze Schönauer Ring und Völkerschlachtdenkmal liegen innerhalb der Umweltzone.

Parken

Entlang des City-Rings und in der Altstadt befinden sich zahlreiche **Parkhäuser** und **Tiefgaragen**. In den Vierteln rundherum kann man in den Seitenstraßen kostenfrei oder in gebührenpflichtigen Zonen parken. Außerhalb der Stadt bieten kostenlose Park-and-Ride-Parkplätze (**P+R**) die Möglichkeit, das Auto abzustellen und auf öffentliche Verkehrsmittel umzusteigen:

P+R Leipziger Messe

■ Im Norden, Georg-Herwegh-Str. 4, außerhalb der Umweltzone, 1200 Plätze, Tram 16 sowie Zug- und S-Bahnverkehr ins Zentrum ab Messe, 0–24 Uhr

P+R Schönauer Ring

■ Im Westen, ggü. Schönauer Ring 79, innerhalb der Umweltzone, 350 Plätze, Tram 8, 15 ins Zentrum, 0–24 Uhr

P+R Lausen

■ Im Südwesten (Kulkwitzer See), Str. am See 1, außerhalb der Umweltzone, 400 Plätze, Tram 1 ins Zentrum, 0–24 Uhr

P+R Völkerschlachtdenkmal

■ Im Süden, Friedhofsweg 3, innerhalb der Umweltzone, 600 Plätze, Tram 2, 15 (an der Prager Str.) ins Zentrum, 0–24 Uhr

In der Rubrik »Parken« im Innenteil des Reiseführers (unter den Sehenswürdigkeiten) finden Sie zusätzliche Tipps zu Parkplätzen in und um die Stadt.

Barrierefreies Reisen

Viele Leipziger Attraktionen sowie der Hauptbahnhof und Flugplatz Leipzig-Halle sind barrierefrei zugänglich.

Bei der Tourist-Information (S.130) erhalten Sie nähere Informationen zu den einzelnen Sehenswürdigkeiten. Auch der Tourismusverband des Landes Sachsen (www.sachsen-tourismus. de) informiert auf seiner Webseite über vorhandene bzw. nicht vorhandenen Barrieren einzelner touristischer Angebote und passende Unterkünfte. Die Leipziger Verkehrsbetriebe bieten Fahrgästen mit eingeschränkter Mobilität einen Begleitservice an (Tel.03 41/492 24 08, www.l.de/verkehrs betriebe/kundenservice/services). Beratung und Reisetipps stellt nicht zuletzt der Leipziger Behindertenverband zur Verfügung (Tel.03 41/306 51 20, www.le-online.de.

Diplomatische Vertretungen

Die nächstgelegenen Auslandsvertretungen der **Schweiz** und **Österreichs** haben ihren Sitz in **Berlin**.

Österreichische Botschaft Berlin
■ Stauffenbergstr. 1, Berlin, Tel. 030/ 20 28 70, www.bmeia.gv.at/oeb-berlin, Mo, Di, Do, Fr 9–13, Mi 12–16 Uhr (Konsularabteilung)
Schweizerische Botschaft Berlin
■ Otto-von-Bismarck-Allee 4a, Berlin, Tel. 030/303 90 40 00, www.eda.admin.ch/ berlin, Mo–Fr 9–12 Uhr (Nachmittagstermine nach Vereinbarung)

Einkaufen

Leipzigs gesamte Innenstadt ist ein Einkaufseldorado mit kurzen Wegen. Beliebte **Shoppingreviere** sind die Petersstraße und der Petersbogen, die Marktgalerie, Hain- und Nikolaistraße, Speck's Hof und Hansa Haus sowie die Höfe am Brühl, die Promenaden im Hauptbahnhof und natürlich die exklusive Mädler-Passage. **Kleinere, ausgefallene Läden** findet man links und rechts der Karl-Liebknecht-Straße sowie in Plagwitz und Schleußig (z. B. Zschochersche Straße, Karl-Heine-Straße, Könneritzstraße). Im Innenteil dieses Reiseführers finden Sie unter den Sehenswürdigkeiten auch zahlreiche Einkaufstipps.

Feiertage

Neujahr (1. Jan.), Karfreitag (30. März 2018, 19. April 2019), Ostermontag, Tag der Arbeit (1. Mai), Christi Himmelfahrt (10. Mai 2018, 30. Mai 2019), Pfingstmontag (21. Mai 2018, 10. Juni 2019), Tag der Deutschen Einheit (3. Okt.), Reformationstag (31. Okt.), Buß- und Bettag (20. Nov. 2018, 21. Nov. 2019), Weihnachtsfeiertage (25., 26. Dez.)

Freisitze

Was in Bayern **Biergarten** und im Rest der Republik meist einfach nur als Terrasse bezeichnet wird, heißt in Sachsen »**Freisitz**«. Ein Freisitz ist im Grunde eine normale, bestenfalls gemütliche Sonnenterrasse vor einem Restaurant oder im Innenhof.

Geld und Urlaubskasse

Leipzig ist immer noch etwas günstiger als andere Metropolen. Das gilt auch für die Hotelpreise. Bekanntlich sind die Leipziger aber auch gestandene Kaufleute und insbesondere Cafés und Restaurants in der touristischen Altstadt sind bei der Preisgestaltung nicht mehr zimperlich. Gleiches trifft auf schickere Lokale in Plagwitz oder der Südvorstadt zu.

Kosten im Urlaub
(durchschnittliches Preisniveau)

Tasse Kaffee	2–3 €
Softdrink (0,2 Liter)	2–2,50 €
Glas Bier (0,5 Liter)	2,80–4 €
Glas Wein (0,2 Liter)	4–7 €
Hauptgericht (Restaurant)	8–14 €
Eintritt Museum	4–10 €
Ticket Kabarett	22–25 €
ÖPNV Kurzstrecke	1,60 €
Mietwagen/Tag (mit Vollkasko)	ab 40 €

 Gesundheit

Notaufnahme Universitätsklinikum
■ Paul-List-Str. 27, Tel. 03 41/971 78 00, www.zna.uniklinikum-leipzig.de
Notaufnahme Kinder/Jugendliche
■ Liebigstr. 20a, Haus 6, Tel. 0341/972 62 42, www.zna.uniklinikum-leipzig.de
Zahnärztlicher Notdienst
■ www.zahnaerzte-in-sachsen.de
Apothekennotdienst
■ Tel. 0800/002 28 33, www.leipzig.de

 Information

Die **Tourist-Information** befindet sich in der Katharinenstraße. Neben Broschüren – auch für Kinder – und Stadtplänen ist hier auch die »**Leipzig Card**« (S. 135) erhältlich. Zudem werden Unterkünfte vermittelt und man kann Rundgänge, Rundfahrten und Ausflüge buchen.

Tourist-Information Leipzig
■ Katharinenstr. 8, Info-Telefon: Tel. 03 41/710 42 60 (Mo–Fr 9–17 Uhr), www. leipzig.travel, Mo–Fr 9.30–18, Sa 9.30–16, So, Fei 9.30–15 Uhr

 Klima und Reisezeit

Beste Reisezeit sind der Frühsommer, Spätsommer und Herbst. Kajaks und andere Boote, mit denen man die Seen und Kanäle in und um Leipzig erkunden kann, sind an den Verleihstationen von April bis Mitte/Ende Oktober erhältlich. Von Juni bis August kann es in der Stadt richtig heiß werden – gleichzeitig fallen in den Sommermonaten auch die meisten Niederschläge. Wer Abkühlung sucht, findet sie im schattigen Auwald sowie an den Badeseen. Dank der vielen Museen, Kirchen, Passagen und Weihnachtsmärkte ist eine Reise nach Leipzig aber zu jeder Jahreszeit ein Erlebnis.

Klimatabelle Leipzig

Monat	Luft (°C) (min./ max.)	Sonne (h/Tag)	Regentage (Monat)
Jan.	-3/5	2	10
Feb.	-2/6	3	8
März	0/10	4	9
April	4/16	6	9
Mai	7/21	7	9
Juni	11/24	9	10
Juli	14/26	8	10
Aug.	13/26	6	10
Sept.	9/22	6	8
Okt.	6/16	4	8
Nov.	3/9	2	8
Dez.	-2/6	1	9

 Kultur und Tickets

Kunst- und Kulturliebhabern bietet Leipzig zu jeder Jahreszeit eine Fülle an Angeboten – im Sommer häufig auch unter freiem Himmel. Während im historischen Zentrum Traditionshäuser und Musikvereine mit **Theater**, **Klassik** und **Oper** locken, experimentiert die junge Szene im Süden und Westen auf **Off-Bühnen**, Leinwänden und in Fabrikhallen mit neuen Formaten. In Plagwitz, Lindenau und in der Südvorstadt spielen alternative Kulturzentren eine wichtige Rolle, in denen abwechselnd Lesungen, Konzerte, Theater und Ausstellungen stattfinden. Nicht wegzudenken aus Leipzigs Kulturlandschaft ist das **Kabarett** mit seinen unzähligen Spielstätten. Kulturtipps für jeden Stadtteil finden Sie immer am Ende der Kapitel in der Rubrik »Am Abend«.

Fast alle Bühnen und Konzerthäuser haben eigene **Theaterkassen** und verkaufen Tickets auch **online** – entweder über ihr eigenes Buchungsportal oder in Zusammenarbeit mit den Online-Ticketshops der großen VVK-Stellen. Wer Eintrittskarten lieber an einer **VVK-Stelle** erwerben möchte:

Culton Ticket
■ Peterssteinweg 9, Tel. 03 41/14 16 18, www.culton.de, Mo–Fr 10–19, Sa 10–16 Uhr

Ticket-Galerie
■ Hainstr. 1 (Barthels Hof), Tel. 08 00/ 218 10 50, Mo–Fr 10–20, Sa 10–18 Uhr

 ## Märkte

Obst und Gemüse kann man auf den **Wochenmärkten** am Marktplatz (Di, Fr 9–17 Uhr), am Richard-Wagner-Platz (Sa 10–16 Uhr) und am Bayerischen Platz (Mi–Fr 9–17 Uhr) kaufen. Im Dezember verwandeln sich Marktplatz und Naschmarkt in einen **Weihnachtsmarkt** (So–Do 10–21, Fr, Sa 10–22 Uhr); täglicher Höhepunkt ist das Spiel

der Turmbläser vom Balkon des Alten Rathauses (18 Uhr). Einen ganz besonderen Zauber versprüht der Grimmaer Weihnachtsmarkt (Anfang–Mitte Dez. tgl. 11–19 Uhr). Der größte **Trödel-** und **Antiquitätenmarkt** der Stadt lädt immer am Monatsende auf dem agra-Gelände zur Schatzsuche ein (Termine: www.abuha.de). Mit Design, Kunst und Streetfood lockt der alternative »**Market**« regelmäßig ins Täubchenthal im Herzen des Leipziger Westens (Termine: www.themar ket-leipzig.de).

 ## Nachtleben

Ausführliche Informationen zum Nachtleben in den einzelnen Stadtteilen finden Sie im Innenteil dieses ADAC Reiseführers jeweils am Ende der Kapitel in der Rubrik »Am Abend«.

 ## Notfall

Wählen Sie in Notfällen (Unfall, Feuer) die Notrufnummer **112**. Bei Verkehrsunfällen oder Überfällen ist die Polizei auch unter der Notrufnummer **110** zu kontaktieren. Der ärztliche Bereitschaftsdienst ist unter der kostenlosen Nummer **116 117** erreichbar.

 ## Öffnungszeiten

In der **Innenstadt** öffnen die meisten Geschäfte um 9 oder 10 Uhr und schließen werktags um 20 bzw. samstags zwischen 16 und 18 Uhr. Bäckereien sind früher geöffnet, machen aber auch früher zu. In großen **Supermärkten** kann man bis 22 Uhr einkaufen. Die meisten Läden im **Hauptbahnhof** haben werktags von 10–21 und sonntags von 13–18 Uhr geöffnet.

Festivals und Events

Februar

Haus Garten Freizeit Familienfreundlicher Publikumsmagnet Mitte Februar auf dem Messegelände (www.haus-garten-freizeit.de).

März

Leipzig liest Parallel zur Buchmesse bietet Europas größtes Lesefest vier Tage lang Programm mit unterhaltsamen und intellektuellen Höhepunkten (www.leipzig-liest.de).

April

Leipzig Marathon Der Langstreckenlauf lockt Amateure wie Profis in die Stadt. Mit Halbmarathon und 10-km-Wettkampf (www.leipzig marathon.de).

In Leipzig treffen sich Gotik-Fans

Mai/Juni

Wave-Gotik-Treffen An Pfingsten trifft sich in Leipzig die weltweite Wave- und Gotikszene und zieht mit dunklen, aufwendigen Kostümen durch die Gassen (www.wave-gotik-treffen.de).

Juni

Leipziger Stadtfest Ein Wochenende lang füllt sich die City mit Musikbühnen und Imbissbuden. Viel Programm auch für Kinder (www.leip zigerstadtfest.de).

Bachfest Klassikfestival, bei dem berühmte Ensembles und Solisten zehn Tage lang Konzerte geben – einige davon finden auch unter freiem Himmel statt. (www.bach-leip zig.de).

Juli

Hörspielsommer Zehntägiges Kulturfestival der deutschen Hörspielszene im zentrumsnahen Richard-Wagner-Hain (www.hoer spielsommer.de).

August

Classic Open Jazz, Pop, Oper und Klassik gratis und unter freiem Himmel, zehn Tage lang auf dem Marktplatz (www.classicopenleipzig.com).

Oktober

Lachmesse Das größte internationale Kabarett- und Kleinkunstfestival Deutschlands präsentiert sich auf fast allen Bühnen der Stadt (www.lachmesse.de).

DOK Leipzig Internationale Künstler und Regisseure zeigen Ende Oktober ihre neuesten und besten Dokumentar- und Animationsfilme (www.dok-leipzig.de).

November

euro-scene Einwöchiges Festival für zeitgenössisches Theater und modernen Tanz mit Künstlern aus ganz Europa (www.euro-scene.de).

Post

Die Post unterhält in der Leipziger Innenstadt fast nur noch Filialen, die in Zusammenarbeit mit Geschäften des Einzelhandels (meist Zeitschriften- und Tabakläden) betrieben werden.

Eckert im Hauptbahnhof
■ Willy-Brandt-Platz 5 (Querbahnsteig), Mo–Fr 9–21, Sa 10–21 Uhr

Postbank Finanzcenter
■ Brühl 8, Mo–Fr 9–19, Sa 9–14 Uhr

Tabakwaren Jens Dietrich
■ Nikolaistr. 3, Mo–Fr 9–20, Sa 9–19 Uhr

Rauchen

Seit Inkrafttreten des **gesetzlichen Rauchverbots** im Jahr 2008 wurden auch in Leipzig die meisten Lokale vom blauen Dunst befreit. Die Regelungen in Sachsen sind jedoch vergleichsweise liberal. In kleinen Einraum-Kneipen dürfen Wirte frei entscheiden. Gestatten sie ihren Gästen das Rauchen, müssen sie im Eingangsbereich darauf hinweisen und Minderjährigen den Zutritt verwehren. Größere Kneipen und Diskotheken dürfen Raucherzimmer einrichten.

Sicherheit

Leipzig ist ein **sicheres Reiseziel**. Wie in jeder Großstadt gibt es aber im Zentrum eine erhöhte **Straßenkriminalität** sowie diverse soziale Brennpunkte. Überall dort, wo sich viele Menschen aufhalten, kann es zu **Taschendiebstählen** kommen. Rund um den Hauptbahnhof, insbesondere an den Grünflächen (z.B. Schwanenteich), muss man wachsamer sein. Als Leipziger »Sorgenkind« in Sachen Kriminali-

tät gilt immer noch die Gegend entlang der Eisenbahnstraße im Osten der Stadt. Das bunt-alternative Connewitz im Süden sollte man am Tag der Arbeit (1. Mai) meiden.

Sperrnotruf für EC- und Kreditkarten
■ Tel. +49/11 61 16 oder 030/40 50 40 50, Mobil-Kurzwahl: 11 61 16, www.kartensicherheit.de, für die Sperrung Kontonummer und BLZ bzw. IBAN bereithalten.

Sport

Lust auf Bewegung? Nicht nur Planschen, auch Bahnen schwimmen kann man in zahlreichen **Frei-** und **Hallenbädern** (www.sportbaeder-leipzig.de), Wellness mit Sport und Spaß kombiniert die Sachsen Therme im Leipziger Osten (www.sachsen-therme.de, Mo–Fr 10–23 Uhr, Familien: 3 Std. ab 30 €). **Wasserwanderer** lädt das verzweigte Fluss- und Kanalnetz durch Stadt und Auwald ein. Im Neuseenland (S. 120) warten schließlich weitere grenzenlose **Wassersportmöglichkeiten**. Wer hoch hinaus möchte, besucht nördlich des Hauptbahnhofs die **Kletterhalle** No Limit (www.kletterhalle-leipzig.de, tgl. 10–23 Uhr, 10 €/Tag, Kinder: 5 €) und wer Fairways gegenüber Felsen bevorzugt, kann im **Golfclub** Markkleeberg am Cospudener See Hölzer und Eisen schwingen (www.golfclub-markkleeberg.de, Greenfee ab 25 €, Jugendliche: 15 €). **Jogger** finden schöne Strecken im Rosental, am Elster-Flutbecken sowie im Johanna- und Clara-Park. Durch den Auwald und um die Stadt verlaufen herrliche **Radwege**. (www.elsterradweg.de, www.leipzig.region.travel). Informationen zu Leihfahrrädern finden Sie auf Seite 144 sowie direkt bei den Sehenswürdigkeiten im Innenteil.

Stadttouren

Stadtführungen und Rundfahrten organisieren **Leipzig Details** (www.leipzigdetails.de, ab 8 €/Pers.) und **Leipzig Erleben** (www.leipzig-erleben.com, ab 9 €/Pers.) – angeboten werden auch Stadtrallyes für Kinder (ab 5 €). Gruselige Nachtwächter-, Geister- und Krimitouren sind Spezialität des **Treffpunkt Leipzig** (www.treffpunktleipzig.de, ab 9 €); geführte Radtouren hat **Lipzi Tours** im Programm (www.lipzitours.de, April–Okt. ab 19 € inkl. Rad, Kinder 10–16 Jahre 16 €). Zudem haben mehrere Vereine Themenrouten mit zugehöriger Smartphone-App entwickelt, die man auf eigene Faust erkunden kann, z.B. die **Leipziger Notenspur** (www.notenspur-leipzig.de, für Kinder gibt es die Kleine Notenspur) oder **Auf den Spuren der Friedlichen Revolution** (www.runde-ecke-leipzig.de).

Taxi

Der Grundpreis für jede Fahrt beträgt 3,50 €. Je länger die Strecke, desto günstiger werden gefahrene Kilometer: 2,50 € (1.–2. km), 1,80 € (3.–10. km) und 1,70 € (ab dem 10. km). Nachts und an Feiertagen erhöhen sich die km-Preise um ca. 20 ct.

Funktaxi Leipzig
■ Tel. 03 41/60 05 00

Telefon und Internet

Fast alle Hotels und Ferienwohnungen sowie Restaurants, Cafés und zahlreiche Einkaufszentren der Stadt bieten **kostenlose WLAN-Netze** an. Zugang zu den Gratis-Hotspots der Stadt an öffentlichen Plätzen erhält man über die Netz-Kennung »**Leipziger**«. Der Zugang ist zeitlich unbegrenzt. Guten Empfang hat man am Markt, am Augustusplatz, rund um den Wilhelm-Leuschner-Platz und an vielen anderen Orten der Stadt. Für alle Gratis-Netze gilt: Vor dem Einloggen kurz die Geschäfts- und Datenschutzrichtlinien durchlesen! (www.l.de/gruppe/wir-fuer-leipzig/leipziger-wlan)

Unterkunft und Hotels

Vom Boutique- bis zum Grandhotel, von der Jugendherberge bis zur Ferienwohnung: Leipzig bietet für jeden Geschmack die passende Unterkunft und hat so viele Gästebetten, dass die Hotels selten komplett ausgelastet sind. Das hat den Vorteil, dass sie ihre Kundschaft auch immer wieder mit attraktiven Rabatten locken. Das gilt freilich nicht während beliebter Großveranstaltungen. Vor allem während der Buchmesse Mitte März sind Hotelzimmer teuer und rar. Hier sollte man mit viel Vorlauf buchen oder auf Privatunterkünfte ausweichen. **Ferienwohnungen**, oftmals in schicken Altbauhäusern, sind ohnehin in Leipzig weit verbreitet und werden mittlerweile auch von den großen Buchungsportalen angeboten. Wer ein Apartment mieten möchte, muss beachten: Eine Rezeption gibt es in der Regel nicht. Bei Problemen und Fragen muss man also zum Telefon greifen. Junge Leute, die sehr preiswert übernachten möchten, werden bei **A&O Hostels** (www.aohostels.com) und bei **Sleepy Lion** (www.hostel-leipzig.de) fündig. Attraktive **Campingplätze** gibt es vor allem im Leipziger Neuseenland (www.campingfuehrer.adac.de). Ausführliche Informationen und Tipps zu Unterkünften in den Stadtteilen befinden sich im Innenteil dieses Reiseführers, jeweils am Ende der Kapitel.

Verkehrsmittel in der Stadt

Das öffentliche Verkehrsnetz in Leipzig ist ausgezeichnet. Besonders schnell ist man mit der »Bimmel«, der **Straßenbahn**, unterwegs. Wichtigste Tram-Knotenpunkte sind Hauptbahnhof und Goerdelerring im Norden sowie der Augustusplatz im Osten und Leuschner-Platz im Süden. Tragende Säule des Nahverkehrs ist zudem die **S-Bahn Mitteldeutschland** (www.s-bahn-mitteldeutschland.de), die auch zur Überbrückung kurzer Distanzen attraktiv ist, weil man (nur) im City-Tunnel zwischen Bayerischem Bahnhof, Markt und Hauptbahnhof mit einem **Kurzstreckenticket** (1,60 €) gleich mehrere Stationen fahren kann. Für Bus und Tram gilt die Kurzstrecke für maximal vier benachbarte Haltestellen. Wichtigste Tarifzone für Touristen ist **Zone 110**, die das ganze Stadtgebiet abdeckt (Einzelfahrt: 2,60 €, Kinder: 1,20 €). Für Ausflüge ins Neuseenland (**Zone 151**) wird ein Zwei-Zonen-Ticket benötigt (Einzelfahrt: 3,30 €, Kinder: 2 €).

Tickets und Service

Fahrkarten erhält man an den Verkaufsstellen der Leipziger Verkehrsbetriebe, in Konsum-Filialen, Tabak- und Zeitschriftengeschäften sowie an den **Ticketautomaten** in Bahnen, Bussen und an den Haltestellen. Zudem können Tickets bargeldlos **online** oder mit der **Smartphone-App** »easy.GO« (mdv.myeasygo.de) gekauft werden. Informationen zum ÖPNV bietet das **Service**-**Center** der Leipziger Verkehrsbetriebe (Markgrafenstr. 2, Ecke

Petersstr., Mo–Fr 8–20, Sa 8–16 Uhr oder Tel. 0341/19449 rund um die Uhr, www.l.de).

Nachtlinien

Werktags zwischen 1–4 Uhr transportieren die **Nightliner-Busse N1–N9** Fahrgäste ab Hauptbahnhof durch die Nacht (1.11, 2.22, 3.33 Uhr). Am Wochenende werden sie von der **Tramlinie 10** (Hauptbahnhof–Lößnig, via Karl-Liebknecht-Str.) sowie von weiteren Nachtbussen unterstützt.

Tages- und Wochenkarten

24-Stunden-Tickets für Zone 110 sind für 1–5 Personen erhältlich (7,40 €, Kinder: 3,30 €). **Wochenkarten** kosten pro Person 26 € (kein Kindertarif). Attraktiv für Besucher, die viel sehen und erleben möchten, kann auch die **Leipzig Card** sein (Tageskarte: 11,90 €, 3-Tageskarte: 23,50 €, 3-Tages-Gruppenkarte für 2 Erwachsene und bis 3 Kinder unter 14 Jahren: 34,90 €). Sie beinhaltet neben freier Fahrt mit dem ÖPNV in Zone 110 auch Rabatte für Sehenswürdigkeiten und Restaurants, die manchmal – aber nicht immer – üppig ausfallen (www.leipzig.travel).

Kinder

Kinder, die noch nicht eingeschult sind, fahren in Tram, Bus und S-Bahn kostenfrei. Für Schulkinder von 6–13 Jahren gelten ermäßigte Kindertarife.

Zollbestimmungen

Reisende aus EU-Ländern dürfen Waren abgabenfrei, Bürger aus der Schweiz bis zu einem Wert von 300 SFr für den privaten Gebrauch ausführen. In beiden Fällen gelten Grenzmengen (www.bmf.at/zoll, www.zoll.ch).

Die Geschichte Leipzigs

um 700 Sorbische Bauern werden am Zusammenfluss von Pleiße, Weißer Elster und Parthe sesshaft.

1015 Leipzig wird als »Urbs Libzi« erstmals urkundlich erwähnt.

1165 Markgraf Otto der Reiche von Meißen verleiht Leipzig das Stadt- und Marktrecht.

1216 Nach einem Bürgeraufstand verwüstet Markgraf Dietrich die Stadt und lässt drei Zwingburgen anlegen – darunter die alte Pleißenburg.

1380 Das neue Leipziger Stapelrecht verpflichtet reisende Kaufleute, ihre Waren eine bestimmte Zeit lang in der Stadt anzubieten.

1409 Gründung der Leipziger Universität.

1507 Die Leipziger Messen erhalten den Status von Reichsmessen und florieren dank kaiserlicher Privilegien.

1539 Martin Luther predigt in der Thomaskirche, in der Stadt wird die Reformation eingeführt.

1547 Während des Schmalkaldischen Kriegs wird Leipzig vom sächsischen Kurfürsten Johann Friedrich belagert, die Pleißenburg wird zerstört.

1618–48 Im Dreißigjährigen Krieg besetzen zunächst kaiserliche Truppen die Stadt, 1642 folgen acht Jahre lang die Schweden.

1723 Johann Sebastian Bach übernimmt das Amt des Thomaskantors.

1756 Ausbruch des Siebenjährigen Krieges. Unter Friedrich dem Großen besetzen die Preußen die Stadt.

1765–68 Der junge Johann Wolfgang Goethe studiert in Leipzig.

1813 Vom 16. bis 19. Oktober findet bei Leipzig die Völkerschlacht statt. Der französische Kaiser Napoleon wird in die Flucht geschlagen.

1854 Karl Heine kauft weite Gebiete rund um Plagwitz auf und erschließt sie als Industriegebiet.

1895 Die Handelsmesse wandelt sich zur industriellen Mustermesse, in der Innenstadt entstehen repräsentative Messehäuser.

1943 Anfang Dezember legen anglo-amerikanische Luftangriffe große Teile Leipzigs in Schutt und Asche.

1949 Im Osten Deutschlands entsteht in der Sowjetischen Besatzungszone die DDR.

1989 Montagsdemonstranten fordern friedlich den politischen Wandel. Am 9. November fällt die Mauer, die DDR öffnet ihre Grenzen.

1999 Die Buchmesse findet erstmals auf dem Neuen Messegelände statt.

2017 Bei der Bundestagswahl stimmen über 18 Prozent der Leipziger mit Zweitstimme für die AfD; die Partei wird drittstärkste Kraft.

Protest zum Wochenauftakt: Die Leipziger Montagsdemonstrationen brachten 1989 das SED-Regime zu Fall

Übernachtungen direkt am Hafen

Rundfahrten mit der Santa Barbara

das größte Segelrevier der Region

Hafen mit Bootsverleih

zwenkauer see ®
... für eine schöne Zeit.

www.zwenkauer-see.com

Alle Blickpunkt-Themen in diesem Band:

Register

Register

Bildnachweis

Titel: Nikolaikirche mit Nikolaisäule
Foto: **Huber-Images** (R. Schmid)

Herausgeber: GRÄFE UND UNZER VERLAG GmbH, Postfach 86 03 66, 81630 München
Leitender Redakteur: Benjamin Happel
Autor: Jens van Rooij, Gabriel Calvo Lopez-Guerrero, Sabine Tzschaschel
Verlagsredaktion: Katja Tegler (verantw.), Nora Köpp, Gernot Schnedlitz, Nadia Turszynski
Lektorat: Dr. Barbara Münch-Kienast
Satz: Angelika Wagener für Intermag Publishing GmbH, München
Bildredaktion: Sylvia Pollex
Schlusskorrektur: Claudia Renner
Reihengestaltung: Eva Stadler
Kartografie: Kunth Verlag GmbH & Co. KG, München
Herstellung: Mendy Willerich
Druck: Drukarnia Dimograf Sp z o.o. (Polen)

Ansprechpartner für den Anzeigenverkauf:
KV Kommunalverlag GmbH & Co. KG, MediaCenter München, Tel. 089/92 80 96 44

ISBN 978-3-95689-403-9
1. Auflage 2018

© 2018 GRÄFE UND UNZER VERLAG GmbH, München
ADAC Reiseführer Markenlizenz der ADAC Verlag GmbH & Co. KG, München

Leserservice
adac@graefe-und-unzer.de
Tel. 00800/72 37 33 33 (gebührenfrei in D, A, CH)
Mo–Do 9–17 Uhr, Fr 9–16 Uhr

Bei Interesse an maßgeschneiderten B2B-Produkten:
veronica.reisenegger@graefe-und-unzer.de

GRÄFE UND UNZER

Ein Unternehmen der
GANSKE VERLAGSGRUPPE

Foto: Klaus-D. Sonntag

Deutsches Buch- und Schriftmuseum der Deutschen Nationalbibliothek

Öffnungszeiten:
Di bis So 10 –18 Uhr · Do 10 – 20 Uhr, feiertags 10 –18 Uhr

Deutscher Platz 1
04103 Leipzig

0341 2271-324
www.dnb.de

Unterwegs in Leipzig

Schnell mit der »Bimmel«

Die Straßenbahn ist erste Wahl, um schnell von A nach B zu kommen. Und auf dem Rundkurs der offenen »Cabrio-Tram« erkundet man im Sommer alle Highlights der Stadt.

■ Ab Hauptbahnhof, www.l.de, Sa 11, 14 Uhr, 17 €, bis 6 Jahre frei

Kultig mit dem Trabi

Nicht nur für »Ostalgiker« ein Erlebnis: Bei den Trabi-Touren sitzen alle Teilnehmer selbst am Steuer. Die Kult-Flitzer kann man aber auch mieten.

■ Ab Hauptbahnhof, www.trabi-erleben.de, Fr 14, Sa, So 11, 14 Uhr, ab 33 €/Pers.

Sportlich mit dem Drahtesel

Bestens ausgebaute Wege in der Innenstadt, herrliche Fahrradstrecken durch den Auwald und ins Umland. Leihräder gibt's bei Zweirad Eckhardt (www.bikeandsport.

de, ab 8 €/Tag) und bei nextbike (www.nextbike.de, 9 €/Tag) an fast jeder Ecke.

■ S. 133 und Rubriken »ADAC Mobil«/»Sport« in diesem Reiseführer

Lautlos übers Wasser

Leipzig ist eine Wasserstadt! Und ist es in den letzten Jahren noch stärker geworden. Mit Kajak oder Kanu kann man ihre Kanäle erkunden – auf eigene Faust oder in der Gruppe. Idealer Ausgangspunkt dafür sind der Leipziger Stadthafen oder das Elsterflutbett am Clara-Park.

■ S. 76, 90

Entspannt auf einer »Grinsel«

Mit Grill an Bord auf einer Motorinsel gemütlich übers Wasser gleiten – das geht auf dem Cospudener See. Bis zu 10 Personen haben auf der »Grinsel« Platz.

■ Pier 1, Markkleeberg, www.grinseln.de, ab 8 €, bis 7 Jahre frei, Grill: 20 €